D1865439

Der unverbesserliche Citoyen kann es nicht lassen – böse, störrisch, witzig kommentiert Stefan Heym immer wieder die politischen Zeitläufte in diesem Land. Nach ›Einmischung‹ und ›Auf Sand gebaut‹ jetzt also die Sammlung von Aufsätzen, Essays und Artikeln unter dem Titel ›Filz. Gedanken über das neueste Deutschland‹. Auf den Vereinigungsrausch in Deutschland folgte der Katzenjammer. Die Illusionen sind verflogen. Die paradoxe Situation, daß die Kluft zwischen den geeinten Teilen sich zu vergrößern scheint, die vielberufene Identität sich nur schwer einstellen will, ist Ausgangspunkt für die jüngsten Arbeiten von Stefan Heym. In ihnen beschreibt der Autor den langen Marsch zum neuesten Deutschland, zeichnet Fehlentwicklungen nach und untersucht »jenes Mischgewebe aus neuem und altem Filz, das sich über das Land breitet«. Typisches Zitat: »Der Osten Deutschlands wird heute beherrscht von zwei Behörden, welche beide, zusammen oder für sich allein, mehr Macht haben, als sie das Politbüro je hatte, und welch beide, gottgleich, über die Schicksale der Bürger entscheiden: der Treuhandanstalt und dem Amt des Sonderbeauftragten der Bundesrepublik für die Unterlagen des ehemaligen Staatssicherheitsdienstes, mit seinen Akten, die auf Regalen von insgesamt zweihundert Kilometern gespeichert sind.« Fragen nach politisch-parlamentarischer Kontrolle der Treuhandanstalt und der Gauck-Behörde stellt nicht nur Heym allein...

Stefan Heym, 1913 in Chemnitz geboren, studierte Philosophie und Germanistik in Berlin; emigrierte 1933, nach einem Zwischenaufenthalt in der Tschechoslowakei, in die USA, setzte sein Studium in Chicago fort und erwarb mit einer Arbeit über Heine das Masters-Diplom; 1937–1939 Chefredakteur ›Deutsches Volksecho‹ in New York; seit 1939 Soldat. Die ersten Nachkriegsjahre verbrachte Heym in München; Mitbegründer der ›Neuen Zeitung‹; wurde wegen prokommunistischer Haltung in die USA zurückversetzt und aus der Armee entlassen; aus Protest gab er Offizierspatent, Kriegsauszeichnungen und US-Staatsbürgerschaft zurück und übersiedelte nach Berlin/Ost.

Stefan Heym

Filz

Gedanken über das neueste Deutschland

Fischer
Taschenbuch
Verlag

Veröffentlicht im Fischer Taschenbuch Verlag GmbH,
Frankfurt am Main, Mai 1994

Lizenzausgabe mit freundlicher Genehmigung des
C. Bertelsmann Verlags GmbH, München
Copyright © 1992 Stefan Heym
Alle Rechte der deutschsprachigen Ausgabe bei
C. Bertelsmann Verlag GmbH, München
Druck und Bindung: Clausen & Bosse, Leck
Printed in Germany
ISBN 3-596-12010-1

Gedruckt auf chlor- und säurefreiem Papier

Inhalt

Für Inge, mit Dank
für Rat und Tat

Präzedenzfall

Am 27. März 1979 erstattet die Abteilung Zollfahndung der Zollverwaltung der Deutschen Demokratischen Republik Anzeige gegen Heym, Stefan, geb. am 10. 4. 1913 in Chemnitz. Heym, Stefan, heißt es, werde verdächtigt der Durchführung bzw. Veranlassung ungenehmigter Devisenwertumläufe (§ 17 Abs. 1 Devisengesetz), begangen durch Vornahme von Veröffentlichung auf Honorarbasis im Devisenausland. Erhärtet werde der Verdacht, laut Anzeige, durch die am 23. 3. 1979 am Postzollamt Berlin festgestellte Sendung vom Absender Verlagsgruppe Bertelsmann mit 10 Stück in Folie eingeschweißten Büchern mit dem Titel »Collin«, die an den Verdächtigen gerichtet war.

Am 17. April 1979 beantragt die Zollverwaltung gegen den Bürger Heym, Stefan, Konteneinsicht, und diensteifrig erläßt der Generalstaatsanwalt der Deutschen Demokratischen Republik am gleichen Tag noch »zur Sicherung zu erwartender Ansprüche« einen Arrestbefehl über das Konto 6752-69-650268 bei der Sparkasse der Stadt Berlin, und am 19. April 1979 übergibt, laut Protokoll über den Vollzug des Arrestbefehls, der Beschuldigte Heym, Stefan, sein Sparbüchel an den mit dem Vollzug des Befehls beauftragten Zollhauptkommissar.

*

Nach diesen Präliminarien nimmt das Spiel seinen vorgeschriebenen Lauf. Der Beschuldigte wird, gleichfalls am 19. April, zum Verhör zugeführt, und es wird ihm, laut Protokoll, gesagt, »Sie werden beschuldigt, ohne Genehmigung Devisenwertumläufe veranlaßt bzw. durchgeführt zu haben. Äußern Sie sich zusammenhängend dazu!«.

Der so als Devisenschieber Beschuldigte erklärte daraufhin: »Ich möchte die Frage eines angeblichen Devisenvergehens getrennt behandelt sehen von der Nichtbefolgung der Verordnung zur Wahrung der Urheberrechte und dem Wirken des sogenannten Büros für Urheberrechte. Das Büro für Urheberrechte vereinigt zwei Funktionen, die Registrierung von Devisen von Schriftstellern und die Genehmigung für die Vergabe von Rechten an den Werken dieser Schriftsteller. Die letztere Funktion ist im Effekt eine Zensurtätigkeit, sie ist die Übertragung der Zensur innerhalb der Grenzen der DDR auf den Rest der Welt. Die Zensurbehörde der DDR, die das Büro für Urheberrechte als ihr Werkzeug benutzt, steht im Widerspruch zur Verfassung der DDR und zu allen literarischen Grundsätzen, die in zivilisierten Ländern gelten. Ich habe mich daher seit je geweigert und weigere mich auch jetzt und werde mich weiter weigern, mich diesen Zensurmaßnahmen zu fügen, und vergebe also meine literarischen Rechte ohne Rücksicht auf besagtes Büro. Außerdem machten meine Erfahrungen mit der Zensurpraxis in der DDR es mir klar, daß der Roman ›Collin‹ hier sowieso nicht genehmigt werden würde, so daß dieser Punkt zusätzlich zu meiner bereits erwähnten prinzipiellen Ablehnung des Büros für Urheberrechte hinzukam. Da aber laut Regierungsverordnung das Büro für Urheberrechte in meinem Fall zuständig ist, bin ich, selbstverständlich ohne jede kriminelle Absicht, in eine Situation geraten, wo ich, indem ich mich gegen die Zensur zur Wehr setze, automatisch gegen das Devisengesetz verstoßen muß, und insofern habe ich den devisenrechtlichen Bestimmungen entgegengehandelt.«

*

Der letzte Satz wird von den vernehmenden Beamten als Geständnis betrachtet; die Gründe für seine Übeltat, die der Beschuldigte so ausführlich dargestellt hatte, interessieren die Zollfahndung weniger. Auch in einem zweiten Verhör, am 9. Mai 1979, gehen die Behördenvertreter auf diese Gründe nicht ein, sondern wollen wissen, wie der Beschuldigte das Manuskript ins Devisenausland verbracht hätte – er trug es selber über die Grenze –, und wieviel westliche Währung ihm die Veröffentlichung denn nun gebracht habe – schätzungsweise DM 25 600, gibt der Beschuldigte an, für vier Jahre Arbeit; aber der »Collin« sei ja gerade erst in die Läden gekommen.

Im Stadtbezirk Köpenick findet dann der vorläufig letzte Akt statt, vor der Direktorin des Gerichts, einer lieben, etwas verschüchterten Frau, die dem Beschuldigten mitteilt, das Gericht habe die Akten und den staatsanwaltlichen Antrag geprüft und befunden, die gegen ihn erhobenen Beschuldigungen bestünden zu Recht; er habe durch sein Handeln eindeutig die genannten Gesetze verletzt. Im übrigen sei er ja in seiner Vernehmung selber davon ausgegangen, daß er gegen die devisenrechtlichen Bestimmungen verstoßen habe.

Darauf übergibt sie ihm seinen Strafbefehl, lautend auf eine Geldstrafe von 9000 Mark und Einziehung der bereits beschlagnahmten Exemplare des »Collin«. Der Beschuldigte, sagt sie weiter, könne innerhalb einer Woche Einspruch erheben. Nach kurzer Beratung mit seinem Anwalt erklärt der Beschuldigte, daß er angesichts der politischen Motivierung des Urteils annehme, die nächsthöhere Instanz werde dieses nur bestätigen; er verzichte deshalb auf sein Recht auf Einspruch.

Nach einigen Wochen erhält er das arrestierte Sparbüchel zurück; die 9000 Mark sind bereits abgebucht.

*

Zeit verstreicht. Am 10. September 1990 schreibt der Generalstaatsanwalt der Deutschen Demokratischen Republik, »In der Strafsache gegen Stefan Heym, geb. am

10. 4. 1913 in Chemnitz, wegen Verstoßes gegen das Devisengesetz der DDR, beantrage ich Kassation des Strafbefehls des Stadtbezirksgerichts Berlin-Köpenick vom 22. 05. 1979 zugunsten des Verurteilten.

Die Entscheidung des Gerichts stellt eine schwerwiegende Verletzung des Gesetzes dar.

Das Verhalten des Verurteilten erfüllt zwar formal den angeführten Straftatbestand; unter Berücksichtigung der von Herrn Heym damals bereits angeführten Umstände und Auswirkungen waren und sind seine Handlungen jedoch nicht gesellschaftswidrig und daher gemäß § 3 StGB nicht strafbar. Herr Heym hat damals bereits unwiderlegt erklärt, daß er gegen die Anmeldepflicht des Devisengesetzes verstoßen habe, weil sie einer verfassungswidrigen Zensur seines schriftstellerischen Wirkens gleichkam. Das Büro für Urheberrechte war sowohl für die Vergabe von Rechten in das Ausland als auch für die Registrierung von Devisenforderungen zuständig und maßte sich an, Büchern von Herrn Heym die Genehmigung für ein Verlegen im Ausland zu versagen, weil sie Verhältnisse in der DDR real widerspiegelten.

Unter diesen Umständen stellte die strafrechtliche Bewertung seiner unterlassenen Anmeldung der Devisenforderungen als Straftat in der Tat lediglich den Versuch dar, Herrn Heym mundtot zu machen und ihn von weiteren gesellschaftskritischen Veröffentlichungen abzuhalten. Das Gericht hätte dem Antrag des Staatsanwalts auf Erlaß eines Strafbefehls daher nicht stattgeben und die Sache wegen fehlender gesetzlicher Voraussetzungen für eine Bestrafung zurückgeben müssen.

Ich beantrage,

1. den Strafbefehl des Stadtbezirksgerichts Berlin-Köpenick vom 22. 05. 1979 aufzuheben;

2. Herrn Stefan Heym gemäß § 322 Abs. 1 Ziff. 3 StPO i. d. F. vom 29. 06. 1990 freizusprechen.«

Am 19. September 1990 beschließt das Oberste Gericht der DDR auf Antrag des Generalstaatsanwalts der DDR vom 10. September in der Strafsache gegen Stefan Heym die Kassation des Strafbefehls des Stadtbezirksgerichts Berlin-Köpenick vom 22. Mai 1979 für zulässig zu erklären.

Aber entschieden wurde über den Kassationsantrag selber noch nicht, und am 3. Oktober, dem Tag der großen Vereinigung, beendet der Generalstaatsanwalt der DDR seine Tätigkeit und übergibt seine unerledigten Akten an den Generalstaatsanwalt beim Kammergericht in West-Berlin, der die Sache wiederum auf dem Umweg über den 5. Strafsenat des Bundesgerichtshofs und das Landgericht Berlin an die Staatsanwaltschaft beim Kammergericht weiterreicht. Diese nun beantragt am 20. März 1991, das als Antrag auf Kassation anzusehende Begehren des Betroffenen Stefan Heym, geboren am 10. April 1913, als offensichtlich unbegründet zu verwerfen.

Die Überprüfung des summarischen Strafverfahrens, schreibt die Staatsanwaltschaft beim Kammergericht, habe »keine den Verurteilten beschwerenden schwerwiegenden Rechtsfehler im Hinblick auf das Zustandekommen des Schuldspruchs erbracht«. Und Anhaltspunkte dafür, daß es bei dem Schuldspruch »um eine reine unter Verletzung grundlegender Verfahrensvorschriften zustandegekommene Willkürentscheidung handeln könnte«, seien nicht ersichtlich.

Der Paragraph 270 der Strafprozeßordnung der DDR »erforderte vielmehr nur, daß neben den den hinreichenden Tatverdacht begründenden weiteren Beweismitteln ein den Tatvorwurf rechtfertigendes Geständnis vorlag«.

Und weiter: »Die DDR-Verfassung vom 6. April 1968 kannte in Artikel 27 nur ein Recht auf freie und öffentliche Meinungsäußerung sowie der Freiheit der Presse, des Rundfunks und des Fernsehens, nicht jedoch die Kunstfreiheit. Soweit Grundrechte in Artikel 27 DDR-Verfassung verbürgt waren, standen sie unter Gesetzesvorbehalt.« Die Entscheidung von Berlin-Köpenick beruhe daher nicht auf einer schwerwiegenden Verletzung des Gesetzes. Im Gegenteil: »Selbst wenn die erkannte Strafe als hart anzusehen wäre, wäre sie deshalb noch nicht ungerecht. Selbst der Betroffene dürfte die für ihn nachteilige Ermessensausübung im konkreten Fall für vertretbar gehalten haben, da er gegen den Strafbefehl keinen Einspruch einlegte.«

*

Aus dem Juristendeutsch übersetzt heißt das: die Köpenicker Richter und ihre Hintermänner haben keineswegs eine Willkürentscheidung getroffen, um dem Heym endlich das Maul zu stopfen, sondern sie haben sich strikt an die Verfassung der DDR gehalten, die keine Kunstfreiheit kennt und außerdem ihren Artikel 27, wo von Meinungs- und Pressefreiheit die Rede ist, ausdrücklich unter Gesetzesvorbehalt stellt. Und wenn der Kerl auch noch selber zugibt, er hätte gegen das Devisengesetz verstoßen, geschieht's ihm recht, wenn sie ihn dafür bestrafen.

Nur eines haben die Staatsanwälte bei dem Kammergericht zu Berlin nicht bedacht: Wenn das DDR-Gesetz recht und billig ist für einen Autor, um dessen Verurteilung aus dem Jahr 1979 aufrechtzuerhalten, dann muß es auch recht und billig sein für Staatsratsvorsitzende und Devisenbeschaffer und Spionagechefs, und für Mauerschützen sowieso, die sämtlich genau nach diesem, vom West-Berliner Kammergericht noch jetzt als rechtsgültig betrachtetem DDR-Gesetz gehandelt haben. Was Freiheit! Was Moral! Was Demokratie! Gesetz ist Gesetz, und Devisengesetz erst recht.

Die Sache mit der Kassation des Urteils gegen den Devisenschieber Heym und ihrer Behandlung bei dem West-Berliner Kammergericht schafft nämlich einen Präzedenzfall: der Genosse Honecker kann jetzt ruhig nach Deutschland zurückkehren, es wird ihm nichts passieren, denn alles, was er getan hat, tat er seinem DDR-gesetzlichen Auftrag entsprechend, und Markus Wolf handelte gleichfalls nur nach DDR-Gesetz, von Schalck-Golodkowski gar nicht zu reden; und die Mauerschützen schossen auch nach gesetzlichem Befehl.

Wie schön, daß es die klugen Staatsanwälte bei dem Kammergericht zu West-Berlin gibt, die der DDR nachträglich bescheinigen möchten, daß sie ein Rechtsstaat war.

*

Und jetzt kommt der große Purzelbaum.

Es fand ja um etwa dieselbe Zeit wie das Verfahren in Berlin-Köpenick gegen Autor Heym ein ganz ähnlicher Prozeß beim Kreisgericht Fürstenwalde statt, und zwar gegen den Professor Robert Havemann; die Anklage lautete gleichfalls auf mehrfaches Devisenvergehen, begangen durch unerlaubte Veröffentlichung seiner Schriften im Devisenausland. Bemerkenswert ist, daß Havemann, ohne deshalb mit Heym Kontakt aufgenommen zu haben, zu seiner Verteidigung beinahe wörtlich das gleiche Argument wie dieser anführt. »Es entsteht«, sagte er, »der Eindruck, daß dieses Verfahren nicht wegen Verletzung der Devisenvorschriften angestrengt worden ist, sondern in Wirklichkeit dem Zweck dient, die Freiheit der Meinungsäußerung zu unterdrücken.«

Trotzdem wird Havemann am 20. Juni 1979 von den Fürstenwalder Richtern nach § 17, Abs. 1, Devisengesetz, zu einer Geldstrafe von 10 000 Mark verurteilt und eine Anzahl von Gegenständen aus seinem Besitz werden eingezogen. Im Gegensatz zu Heym aber geht Havemann in Berufung; diese wird denn auch, wie zu erwarten, vom Bezirksgericht Frankfurt (Oder) am 18. Juli als »offensichtlich unbegründet« verworfen.

Havemann stirbt; sein Begräbnis wird zu einer ersten großen Demonstration gegen die Regierung der DDR, und nachdem diese gestürzt ist, fordert Frau Katja, seine Witwe, Kassation des Urteils von Fürstenwalde. Und wieder befürwortet der Generalstaatsanwalt der DDR die Kassation, und wieder gerät das Verfahren, nach dem 3. Oktober 1990, an ein Gericht der Bundesrepublik; nur befindet sich dieses, da Fürstenwalde ins Brandenburgische gehört, in Potsdam.

Dort aber sitzen im 2. Kassationssenat des Bezirksgerichts drei Richter, welche am 3. Juli 1991 einstimmig beschließen, in entsprechender Anwendung von § 349 Absatz 4 StPO in Verbindung mit Anlage I zum Einigungsvertrag vom 31. 8. 1990, Kapitel III, Sachgebiet A, Abschnitt III, 14., Maßgabe h, dd, ff, gg, 311ff. StPO/DDR in der Fassung vom 29. 6. 1990, das Urteil der Strafkammer des Kreisgerichts Fürstenwalde vom 28. 11. 1979 aufzuheben, den Verurteilten freizusprechen, und die Kosten und notwendigen Auslagen der Verfahren sowie die Kosten des Kassationsverfahrens der Landeskasse aufzuerlegen. Die insgesamt ungesetzlichen Verfahren von Fürstenwalde und Frankfurt (Oder), so erklären die drei, wurden mit dem Ziel durchgeführt, den Betroffenen einzuschüchtern und davon abzuhalten, öffentlich Kritik an der damaligen DDR und der sie beherrschenden SED zu üben. Dem entspreche es, daß in der öffentlichen Hauptverhandlung die Einlassung des Angeklagten, es gehe in dem Verfahren nicht um Devisenvergehen, sondern darum, ihn mundtot zu machen, geflissentlich unterdrückt wurde, und es bedürfe keiner näheren Erläuterung, »daß mit dem Verfahren einschließlich des Urteils, das nur den Zweck verfolgte, den Betroffenen unter Druck zu setzen und ihn so an der Wahrnehmung seines Rechts auf freie Meinungsäußerung – Artikel 27 der Verfassung der DDR – zu hindern, gegen die Grundsätze der Gewährung der Gesetzlichkeit und der Achtung der Menschenrechte verstoßen wurde«.

*

Die Frage ist jetzt, wer wirklich recht hat; jene, die, wie die Staatsanwälte bei dem Kammergericht, nach dem alten Satz entscheiden wollen, daß doch nicht Unrecht sein kann, was gestern noch Recht war, oder die andern, die, wie die Richter von Potsdam, eher der Meinung sind, daß das Unrecht von gestern heute nicht zu einem Recht höchst zweifelhafter Art verbogen werden darf.

Diese Frage ist nicht nur akademischer Natur, noch betrifft sie ausschließlich die Erben des Professor Havemann oder den Autor Heym. In praxi scheiden sich hier die Wege der Rechtspflege im gesamten wiedervereinigten Deutschland und damit die Wege seiner Bürger, besonders der in der ehemaligen DDR: hie Rechtsstaat, hie Rückzug in die alten Verhaltensmuster.

*

Bei Drucklegung erhält der Autor die Nachricht, daß die 6. große Strafkammer des Landgerichts Berlin – Kassationsgericht – in ihrer Sitzung vom 17. Januar 1992 einstimmig beschlossen hat: *»Der Strafbefehl des Stadtbezirksgerichts Berlin-Köpenick – 710 S 220/79 (131-265-79-16) – vom 22. Mai 1979, rechtskräftig seit dem 30. Mai 1979, wird entsprechend § 349 Abs. 4 StPO aufgehoben.«*

In der Begründung heißt es u. a.: *Das Kassationsgericht hat bereits erhebliche Zweifel, ob das gegen den Kassationsführer seinerzeit geführte Strafverfahren überhaupt in ordnungsgemäßer Anwendung der gesetzlichen Vorschrif-*

ten erfolgte, oder ob nicht vielmehr mit einem nur nach außen hin justizförmig ausgestalteten Verfahren in Wirklichkeit sachfremde, politische Zwecke verfolgt werden sollten. Hinweise darauf lassen sich den Akten des Ministeriums für Staatssicherheit entnehmen, in denen sich zum Beispiel eine Aufforderung an die »Abteilung Postzollfahndung« aus dem Jahre 1971 befindet, nach der bis auf Widerruf gegen den Kassationsführer eine Postzollfahndung einzuleiten ist und alle anfallenden Sendungen inhaltlich zu dokumentieren sind. Ferner existiert aus dem gleichen Jahr eine sogenannte »Einschätzung des Operativ-Vorganges ›Diversant‹«, wonach die weiteren Maßnahmen darauf zu konzentrieren sind, »den Verbindungskreis des Heym zu zersetzen, seine politische Einflußnahme und Wirksamkeit einzuschränken«.

Auch die Behandlung des Strafverfahrens durch höchste Dienststellen bei der Staatsanwaltschaft und auf Direktionsebene der Gerichte läßt darauf schließen, daß das Strafverfahren – wie der Kassationsführer selbst einwendet – den Zweck hatte, einen Schriftsteller mundtot zu machen und eine Veröffentlichung seines Schaffens zu unterbinden.

Denkmuster

Wer des Nachts aufwacht und nicht wieder einschlafen kann, der kennt das: die Fragen, die einem dann durch den Kopf gehen, manchmal sehr abseitige Fragen, manchmal auch solche, die einen selber direkt und schmerzlich betreffen. In dieser Nacht, war es der Vollmond draußen, war es ein Traum gewesen, floh mich der Schlaf dann, und aus dem Gewirr der Gedanken kristallisierte dieser eine sich heraus: Wieso eigentlich war das alles auf einmal zusammengebrochen, dieses System, das aussah, als sei es so festgefügt, und in dem jeder jeden zu überwachen schien – zusammengebrochen ohne besondere Anwendung von Gewalt seitens irgendwelcher Angreifer, und ohne daß aus den Zwingburgen die Verteidiger herausgetrabt kamen in disziplinierten Kolonnen und die Verderber aufs Haupt schlugen – sondern einfach so?

War die berüchtigte Macht des Staates innerlich derart ausgehöhlt gewesen, daß sie fast ohne Anstoß von außen in sich kollabierte, und wer oder was hatte sie so ausgehöhlt, und warum war da keiner, der ihr zu Hilfe eilte in der Stunde ihrer Not, obwohl sie doch Tausende und Abertausende ernährt und begünstigt hatte mit klug dosierten Gaben?

Und warum standen sie am Schluß, die einst so Mächtigen, gleich Abc-Schützen, die ihre Lektion vergessen, hinter ihren Amtsschreibtischen, ihre sorgfältig gehäuften Papiere, die sie wie Schätze gehütet, plötzlich ohne Wert und gut höchstens noch, um andere zu denunzieren bei den neuen Herren?

*

Ich benutze bei meinen Überlegungen bewußt keine Akte der Geheimpolizei, um die Denkmuster aufzuzeigen, nach denen in den Köpfen der herrschenden Schicht und ihrer Lakaien alles ablief, von der Prämisse über die Folgerung bis zum scheinbar logischen Schluß, welcher dann behördliches Handeln erfordert. Polizeiakten, ob aus dem geheimen Apparat stammend oder von einer harmloseren Dienststelle, zeigen immer nur das Funktionieren einer bestimmten Art von Geist; mir jedoch scheinen, für unseren Zweck, die ganz gewöhnlichen Gedankengänge ganz gewöhnlicher Institutionen mehr auszusagen, weil sie den Alltag des Systems bloßlegen und uns erlauben, die wesentlichen Gründe seines Zusammenbruchs zu erkennen.

*

Einer der Vorteile eines Umsturzes ist, daß einem da Dokumente in die Hände fallen können, die sonst unter Siegel und Verschluß geblieben wären. Hier war es ein simples Verlagsgutachten, wie sie, verfaßt möglichst von Fachleuten, jeder DDR-Verlag der zuständigen Abteilung des Kulturministeriums vorlegen mußte, wenn er die Zuteilung von Papier zum Druck eines Titels beantragte – oder wenn ein Grund gesucht wurde zur Verdammung eines Buches. Das Verlagsgutachten war also auch eine Vorstufe der Zensur.

Dieses Gutachten behandelte eine lange Novelle von mir, betitelt »Die Schmähschrift«, die zum ersten Mal im Jahre 1970 als Buch gedruckt worden war, allerdings in der Schweiz, und die, so meinte ich, eine Veröffentlichung auch in der DDR verdiente. Es wird darin von einer Begebenheit im Leben des Schriftstellers Daniel DeFoe erzählt, der 1702, anonym, eine Schmähschrift erscheinen ließ, *The Shortest Way with the Dissenters*, zu deutsch, »Das kürzeste Verfahren mit den Abweichlern«. Der Ich-Erzähler meiner Story ist eine fiktive Gestalt mit Namen Josiah Creech, persönlicher Referent, wie wir's heute nennen würden, des Earl of Nottingham, des Staatssekretärs der südlichen Abteilung der Regierung

Ihrer Majestät der Königin Anna von England; Creech ist betraut mit der Feststellung und Verfolgung des anonymen Autors der Schmähschrift; das Manuskript seines Tagebuchs aus der Zeit erhielt ich, wie ich im Vorwort meines kleinen Bandes andeutete, während des Londoner Blitzes aus den zarten Händen einer Miss Agnes Creech; und da am nächsten Tag eine deutsche Bombe das Haus zerstörte, in welchem Fräulein Agnes gewohnt hatte, konnte ich ihr, so schrieb ich, das Manuskript ihres Urahnen Josiah nicht mehr retournieren.

Das Ganze war also eine sorgfältig kaschierte Fiktion, die aber auf geschichtlichen Fakten beruhte: Daniel DeFoe hatte eine solche Schmähschrift tatsächlich verfaßt und in ihr die Dogmen der herrschenden Kirche durch nur geringfügige Übertreibungen ad absurdum geführt; und mein Mr. Creech ermittelte ihn sehr bald als Autor der Broschüre und veranlaßte seine Verhaftung und ein Gerichtsverfahren gegen ihn: DeFoe wurde verurteilt, an drei Tagen hintereinander an drei verschiedenen Londoner Plätzen am Pranger zu stehen, eine lebensgefährliche Prozedur, falls nicht das Volk sich zugunsten des Delinquenten entschied.

Im Falle DeFoe geschah gerade dies. Die Bürger von London umkränzten den Pranger mit Blumen und ließen den Mann hochleben, der da mit dem Kopf im Querholz stand, unfähig sich zu rühren; und zu seinen Füßen wurde eine Neuauflage seiner amtlich verbotenen Broschüre mitsamt seinem neuesten Werk verkauft, der »Hymne an den Pranger«, in welcher der Autor aufzählte, wer von rechtswegen statt seiner an den Pranger gehörte: »Die Börsenmakler und die Spekulanten, die kirchlichen Würdenträger, das Juristenpack, und die Bullen der Regierung, drauf abgerichtet, Unschuld'ge zu Tod zu hetzen!«

*

Die Bullen taten's dem Gutachter besonders an, wiesen sie doch auf die Polizisten auch der DDR-Gegenwart hin, die, zumindest im Unterbewußtsein des Gutachters, eine gewisse Ähnlichkeit mit den Bütteln der Königin Anna zu haben schienen. Ja, noch mehr: nachdem er zugestanden, daß es ihm nicht gelungen sei, in einschlägigen Literaturgeschichten herauszufinden, ob es tatsächlich ein Pamphlet DeFoes mit dem Titel »Das kürzeste Verfahren mit den Abweichlern« gebe, und daß selbst neuere englische Wörterbücher keinen adäquaten Begriff für die ganz und gar moderne deutsche Wortbildung ›Abweichler‹ verzeichneten, stellt er fest, »Autor S. H. identifiziert sich selbst mit der Figur des Dichters DeFoe auf der geistigen Grundlage der ›absoluten Freiheit des dichterischen Gedankens‹ und verteidigt diesen Standpunkt gegen, wie er es gestaltet, engstirnige, orthodoxe (sprich: dogmatische) Staats- und Kirchen- (sprich: Partei-)vertreter. Das Buch ist also gleichnishaft und symbolisch zu verstehen, und im Grunde gibt es kaum eine Zeile darin, die nicht voller bösartiger Anspielungen und Bezüge steckt. H.s ›Schmähschrift‹ ist eine Schmähschrift im wahrsten Sinne des Wortes – eine Schmähschrift wider uns«!

Nachdem der Gutachter dieses erkannt, sucht er nach Beweisen für seine These, daß es dem Autor S. H. weder um den historischen Daniel DeFoe geht noch um die gesellschaftlichen Mißstände des frühkapitalistischen England. Das historische Gewand, so schreibt er, sei Verkappung und Mummenschanz zur Tarnung eines ganz andern Anliegens: einen Angriff vorzutragen nämlich gegen unsere Partei und die Regierung der DDR, insbesondere ihre Kulturpolitik im Zusammenhang mit dem 11. Plenum von 1965. Ganz deutlich werde die Sache, schließt er, schaut man sich die Hauptpersonen der kleinen Geschichte an.

»Es wird hier vom ›Staatsrat‹ und seinen Mitgliedern

gesprochen. Lord Nottingham, der Dienstherr des Erzählers Creech, soll ganz offensichtlich die in der Karikatur verschlüsselte Person des Genossen Prof. Kurt Hager wiedergeben. Das reicht sogar bis ins Wortspiel hinein: ›Lang und hager‹, steht der Lord im persönlichen Dialog seinem Widerpart Defoe gegenüber, und er ›kaut an seiner schmalen Unterlippe‹.

Der Mr. Robert Stephens, genannt Robin Mastschwein, zielt wohl auf die Person des Genossen Axen, und Lord Godolphin gar, der Lordschatzmeister, der die Verfolgung DeFoes aus ›Mitteln des Geheimdienstes‹ finanziert, soll offensichtlich die Person des Genossen Erich Honecker verkörpern. Und so redet DeFoe/Heym frank und frei von der Leber weg: ›Ich habe die Reden geistig beschränkter Dunkelmänner gehört, die eine bigotte Vergangenheit zurückersehnen, und plötzlich war mir, als vernähme ich das glorreiche Lachen meines verstorbenen Königs William (gemeint ist wohl Genosse Wilhelm Pieck!), dem zu dienen, und das Echo der Revolution, für die zu kämpfen ich die Ehre hatte, und ich erkannte, daß ich nichts weiter zu tun brauchte, als die Sache der regierungsamtlichen Dummköpfe bis ins letzte darzustellen, um sie in ihrer eigenen Lächerlichkeit zu ertränken.‹«

*

Gott segne den Mann und sein Gutachten. Besser hätte er nicht darstellen können, wie die polizeilichen Normen, denen zufolge ein jeder a priori verdächtig war, und die detektivische Akribie der Geheimdienste das Denken und die Gefühle sonst sicher ganz vernünftiger und dem Sozialismus ergebener Bürger pervertierten und die Resultate ihrer Überlegungen zu Absurditäten werden ließen. Aber er geht noch weiter in seinem Bedürfnis, dem Autor der »Schmähschrift« auf die Schliche zu kommen.

S. H. bediene sich, schreibt er, sogar der Zahlensymbolik: »Die Quersumme der Jahreszahl 1703 – die hauptsächliche Zeit der Handlung des Buches – ergibt 11 (11. Plenum!). Und auch in den Wochentags- und Monatsdatierungen sucht er sich stets der Quersumme 11 anzunähern (3.8. = 11; 10.1. = 11; 7.4. = 11, usw.).«

Man kann ihn direkt sehen, den braven Genossen Gutachter, wie er da sitzt und über den Daten in dem Buche grübelt, und hinter ihm den gespenstischen Schatten des Mannes mit der Zensurschere, den Exekutor seiner Gedanken. Dabei will er doch verhüten, daß der Verlag, der sein Gutachten angefordert, und das Kulturministerium das Gift, welches er mit geschärftem Instinkt in der Story vom Sieg des Autors DeFoe über die Regierung der Königin Anna erkennt, auf dem Umweg über die Drucklegung der Sache in die Hirne eines nichtsahnenden DDR-Publikums gerät, und in der Tat bleibt das Werkchen östlich der Elbe vier Jahre lang unveröffentlicht.

*

Man kann sich heute gut lustig machen über solche wie ihn. Außerdem hatte der Mann ja recht, es gibt deutliche Parallelen zwischen den Geschehnissen des Jahres 1703 in London und den eher farcenhaften Konflikten, in welche ein paar Schriftsteller um die Zeit der 11. Plenarsitzung des Zentralkomitees der SED im Jahre 1965 gerieten – darum ja hatte es mich gereizt, über Defoe und die Folgen seiner Schmähschrift zu schreiben; ich hoffte, der Leser könnte bei der Lektüre der Sache ins Nachdenken geraten, und Denken, das glaubte ich zu wissen, fördert die politische Bewegung.

Alles andere in dem Gutachten aber war das Produkt der Ängste seines Verfassers, der, wie jener Josiah Creech, befürchtet haben mußte, daß das Volk sich mit dem kritischen Autor, heiße er nun DeFoe oder Heym, solidarisieren könnte, am Fuße der Prangers oder sonstwo. Und es waren diese Ängste, die ihn veranlaßten, nach Läusen zu suchen, die nur in seiner Einbildung existierten, und Zusammenhänge herzustellen, die es gar nicht gab.

Und so wie er haben sie alle denn gesucht, die Polizisten selber und die, die Schutz und Sicherheit nur sahen in Polizei und immer mehr Polizei, haben gesucht und gesammelt, zwischen den Zeilen der Bücher und in Briefen und Gesprächen, auf der Straße, in der Kneipe, im Betrieb, in den Schulen und auf den Ämtern und in den Toiletten der Bahnhöfe, und haben ihre Funde numeriert und registriert und zusammengeklebt und ausgewertet und immer wieder bebrütet, und haben doch nicht gewußt, was vor sich ging im Lande, obwohl doch alles so einfach war – sie hätten nur ein Ohr haben müssen für die Lächerlichkeit ihrer Formeln und Dogmen und für das wahre Echo der glorreichen Revolution, in deren Namen sie zu handeln vorgaben, und hätten die Freiheit des Wortes, und ein paar andere Freiheiten, für welche der Schriftsteller DeFoe am Pranger zu stehen bereit gewesen war, gewähren sollen, statt das Wort immer wieder zu unterdrücken mit ihren Polizeistempeln und ihrer Polizeigewalt. Sie waren durchorganisiert und durchbürokratisiert wie kaum irgendwo, und kaum etwas entging ihrem mißtrauischen Blick, aber sie suchten den Feind am falschen Ort und nicht dort, wo er wirklich war: in der eigenen Brust und im eigenen Gehirn.

Aber war das, so mögen wir fragen, ein besonderes Verhalten der herrschenden Schicht und ihres Apparats nur in der ehemaligen DDR? Liegt es nicht vielmehr im Wesen aller Gruppierungen der Art? Und verbreitet das Virus sich nicht, jetzt und in dieser Minute und morgen und übermorgen, just unter den treuesten Dienern und den devotesten Anhängern der Mächtigen allüberall? Man lese doch nur was da steht in den Spalten der vornehmsten Blätter des größeren, des vereinten Deutschland, und höre, was da geredet wird vor den Mikrophonen der lautesten Sender.

*

Der Gutachter zitiert in seinem Schriftstück den Earl of Nottingham: »Eine Armee von Verbrechern, Mr. Creech, stellt keine Bedrohung der bestehenden staatlichen Ordnung dar. Aber ein aufsässiger Schriftsteller gehört nach Newgate hinter Schloß und Riegel, und ich rate Ihnen, Mr. Creech, ihn so rasch als möglich dort zu haben.«

Die DDR, mit ihren Polizeiköpfen und ihrem Polizeidenken, ist zu Grunde gegangen, verdientermaßen.

Schnallt euch fest, Boys, es geht wieder los.

Mich hat ja keiner gefragt

Mich hat ja keiner gefragt.

Keiner. Obwohl ich im vorigen Herbst zum Bundesbürger avancierte mit allen Rechten, die mir dadurch erwachsen, darunter das Recht, mitreden zu dürfen auch über die Geographie des Landes und ein Wörtchen beizusteuern – und sei's auch ein Ja oder Nein nur! – zu so gewichtigen Fragen wie jener, ob denn das Volk, das wieder vereinte, von Berlin aus zu regieren sei oder von Bonn.

Hätte jedoch mich einer gefragt, ich hätte geantwortet: *Bonn*.

Und hätte das gesagt als Berliner, der ich seit langen Jahren nun bin. Gerade als Berliner – und nicht nur aus der großzügigen Lässigkeit heraus, die vielen Berlinern eigen, nach dem Muster etwa: ach laßt den armen Kerlen am Rhein doch ihr Spaßvergnügen! Nein, aus purem von Vernunft und Erfahrung diktiertem Egoismus.

*

Wir lebten ja schon, erinnern wir uns, zumindest wir Ossis, in einer Hauptstadt zusammen mit einer Regierung. Wer sieht nicht noch vor seinem geistigen Auge die großen blauen Schilder entlang der Autobahn, *Berlin, Hauptstadt der DDR*, die uns erinnern sollten, daß wir nicht in ein Fischerdorf an der Spree kamen, wenn wir das Holperpflaster spürten unter unseren Reifen bei der Einfahrt in die Kapitale. Ah, welcher Hauptstadtduft, welches Hauptstadtflair, besonders in der Normannenstraße im Stadtbezirk Lichtenberg!

Aber unsre neue Regierung, so höre ich Stimmen, das ist doch was ganz anderes. Das sind, bittesehr, aufgeklärte und demokratisch denkende Herrschaften, tolerant, klug und mit anerkannt großem Herzen auch für den kleinen Mann. Und die Mitglieder dieser Regierung sind, von der Spitze bis zum hinteren Ende, gewählt, wirklich und wahrhaftig gewählt!

Zugegeben. Und dennoch scheint mir, im Licht der Weltgeschichte, als ähnelten die Regierungen, seit es Regierungen gibt, einander doch sehr – wenn nicht im Background ihres Personals, so doch in Wesen und Gehabe.

*

Und was ist denn, gebe ich zu überlegen, so schön an einer Regierung, auch der besten, daß man sie unbedingt in der Nähe haben muß?

Die Herren und Damen, die sich hochgerangelt haben im Parlament und in der Exekutive und nun auf den Stühlen der Macht sitzen und ihre Gesichter – ach täten sie's weniger häufig! – in die Fernsehkameras hängen? Oder das Ritual der Empfänge und die Karossen und die Eskorten, die zu den alltäglichen Staus noch die offiziellen hinzufügen? Oder die Scharen von Schranzen, die um die Großen herumwieseln und wiederum andere, kleinere Schranzen um sich herumwieseln lassen? Oder die Ministerien und Ämter, die ewig sich vermehrenden, untergebracht in protzigen Burgen, die nützlicheren Bauten den Platz streitig machen und die Quadratmeterpreise ins Astronomische treiben?

Gewiß, das Gefolge, das eine Regierung mit sich herumschleppt, konsumiert allerlei Güter, auf unsere Kosten übrigens; und reichlich dotiert von ihren Oberen fördern die beamteten Massen den hauptstädtischen Handel und Wandel; aber es ist doch fraglich, ob der dadurch entstehende wirtschaftliche Nutzen die Belastung der Bürger aufwiegt, die eine jede Bürokratie für die Bürger der Stadt bedeutet, über welche sie herfällt.

Ja, wenn die Regierenden uns wenigstens, mit funkelnder Krone, blitzendem Schwert und dramatischer Rede eine Schau böten, die unsre Seele erbaute, oder Charaktere zeigten, um die zu bangen sich lohnte! Aber die meisten von ihnen strahlen nichts aus als Langeweile, und die Weisheiten, die sie von sich geben, sind Gemeinplätze, noch dazu schlecht vorgetragen. Und wäre es nicht für den gelegentlichen Skandal, mit dem sie uns aufwarten, sie wären schon vor ihrem ruhmlosen Abtritt vergessen.

Ich weiß, vielerorts wird man mich nicht lieben für derlei Ansichten. Und ich höre den warnenden Ruf schon von Freundesseite: Philister über dir! – und sehe sämtliche Bodenbesitzer und Grundstücksmakler, Wessis wie Ossis, sich auf mich stürzen, um mich mit ihren zur Unterschrift neuer, noch profitablerer Mietsverträge bereits gezückten Kugelschreibern zu erdolchen.

Sei's drum! Ich sage trotzdem: Wir haben schon so viele Regierungen gehabt in Berlin, brauchen wir diese da auch noch?

*

Wir hatten den Kaiser, den mit dem vergüldeten Helm über dem gezwirbelten Schnurrbart; der ging dann nach Doorn in Holland, und übte sich im Holzhacken. Dann hatten wir den dicken Ebert, der in die Inflation schlidderte, und den Feldmarschall Hindenburg, der den ganzen bankrotten Laden an Hitler übergab, und Hitler zog in die Wilhelmstraße und starb in dem Bunker dort, als die Sowjets auf dem Reichstag ihre Fahne hißten, die rote. Und dann hatten wir den Genossen Ulbricht und den Genossen Honecker, und Honecker verkriecht sich jetzt mit seiner Margot in irgendwelchen fernen Winkeln – ja, ich glaube wirklich, sagen zu können, daß Berlin eine Unglücksstadt ist für deutsche Regierungen, sie enden alle böse hier, und wenn ich ein deutscher Regierungschef wäre, heute, ich zöge lieber, als daß ich nach Berlin käme, in den Kyffhäuser wie der Kaiser

Barbarossa selig und ließe meinen Bart durch den steinernen Tisch hindurchwachsen dort – oder ich bliebe wenigstens in Bonn.

Aber mich fragt ja keiner.

*

Und nun kommen sie schon, obwohl sie eigentlich gar nicht kommen möchten, denn sie hatten sich ja so schön eingerichtet in ihren stillen Bonner Ämtern und Datschen entlang des Rheins. Sie kommen und lassen sich extra zahlen, hoch über Tarif, für die Unbequemlichkeit und den entbehrungsreichen Umzug und all die anderen Opfer, die das Leben in einer Halb-Kolonie so fordert, und suchen sich unter dem in der Noch-nicht-Hauptstadt Verfügbarem das heraus, wofür sie den Ausdruck »Filetstück« gefunden haben, und zeigen uns, wie man regiert.

Nicht, daß wir's nicht brauchen könnten, einmal regiert zu werden, wie sich's gehört, oder gar uns selber zu regieren; was wir an Regierung hatten bisher, war ja auch, daß Gott's erbarm. Aber vielleicht sollte der Haupttroß der neuen Regierung doch noch ein Weilchen bleiben, wo er zur Zeit sich befindet, denn wenn sie erst alle hier in Berlin sind, Minister und Staatsräte und Abgeordnete und Hardthöhe und BND und was alles noch, und sie sich so, statt in der Abgeschiedenheit ihrer Bonner Bungalows, in der Nähe der Volksmassen offenbaren, das möchte doch sehr entblößend wirken. Familiarity, sagen die Engländer, breeds contempt; nähere Bekanntschaft erzeugt Verachtung.

*

Zurück nach Bonn!

Welch grausame Losung, an die Regierung gerichtet, für die Bürger Bonns! Waren denn mehr als vierzig Jahre Regierung am Ort nicht genug für die arme Stadt? Und ich entschuldige mich ausdrücklich bei ihren Bewohnern dafür, daß ich Bonn noch mehr Bonner Regierung auf den Hals gewünscht hätte, hätte man mich gefragt.

Denn ich sympathisiere zutiefst mit ihnen und freue mich für sie, daß sie nun einer geruhsamen Zeit entgegensehen können. Ich kannte Bonn ja, bevor es Bonn war. Ich kam nach Bonn, kurz nach Kriegsende, in amerikanischer Uniform, und fand es versponnen wie eh und mit einem gewissen stillen Charme, und mein Captain sagte, »Das soll sie nun sein, die künftige westdeutsche Hauptstadt«. Und ich fragte, hinter der Schnapsidee einen amerikanischen General vermutend, »Welcher Idiot hat sich denn das wieder ausgedacht?«. Und der Captain sagte, »Ein gewisser Adenauer. Wohnt in der Nähe von Bonn und möchte keine zu lange Anfahrt zu seinem Büro«.

Und ich suchte mir vorzustellen, wie das wohl aussehen würde, dieses Bonn, bei dem man an Beethoven dachte, als Hauptstadt. Aber auch die lebhafteste Phantasie wird übertroffen von der Realität, der Realität dieses liebenswürdigen, anheimelnden, sauber gefegten Städtchens, in dem selbst die Hunde sich genieren, ihre Kringel vor staatlichen Gebäuden zu hinterlassen, und aller Art Beutelschneider einträchtig mit den Politikern frühstücken.

Und nun suche ich mir ein Bild zu machen von Bonn als Ex-Hauptstadt, mit Büschen wilder Rosen um den Kanzler-Bungalow, durch deren Dornen keiner mehr durchdringt, und der lange Eugen von Efeu überwuchert bis zum obersten Geschoß, und der neue Bundestag eine Investruine, mit all den Baggern und Kränen gestoppt mitten beim Baggern und Liften, und der Koch in der Saarländischen Vertretung, den Arm erstarrt, mit dem er dem Küchenjungen eben noch die Ohrfeige geben wollte, und sämtlich warten sie auf den Pater Basilius Streithofen, der aus dem Kloster Walberberg angeritten kommen soll, um die Bonner Dornröschen wachzuküssen und ihnen die Beichte abzunehmen für ihre Sünden und ihnen, in strengstem Vertrauen natürlich, mitzuteilen, wie man dies Deutschland denn so richtig zu regieren habe.

*

Ein Märchen? Mag sein; ein Märchen für kluge Kinder.

Doch wir in Berlin sitzen nun fest mit Berlin. Mich hat ja keiner gefragt.

Denkmalspflege

Große Ereignisse zeugen große Veränderungen: Stein verschwindet und Bronze; ein verwaister Sockel bleibt oder gar nur ein leerer Fleck.

In meinem Dorf stand einst am Ufer des Langen Sees, der eigentlich nichts ist als ein versprengtes Stück Spree, das Denkmal des Deutschen Sports. Es stammte noch aus der Kaiserzeit und war, architektonisch gesehen, eine Art Mini-Ausgabe des Leipziger Völkerschlachtdenkmals; das besondere waren die Steine, aus denen es zusammengefügt war; ein jeder von diesen war von einem der damaligen Sportvereine gestiftet worden, die dafür ihren Namen auf ihren Stein eingravieren lassen durften: Kaiserlicher Yachtklub Kiel, oder Kgl. Sächsischer Kleinwildjägerverband zu Dresden, oder Kgl. Bayrischer Alpenjodlerverein.

Das Denkmal, ein beliebtes Seezeichen für die vorbeisegelnden Binnenschiffer, mißfiel aber, vom Politischen her, der damals aus SED und entsprechenden Blockparteien zusammengesetzten Stadtverwaltung. Statt aber Aufkleber mit den Namen von DDR-Sportvereinen herstellen zu lassen, etwa Dynamo Dresden oder Union Schilda, und mit deren Hilfe die ungeliebten historischen Vereinsnamen zu kaschieren, befahlen die Genossen, das ganze Ding von der Köpenicker Erde zu vertilgen.

Ich hätte mir gerne einen der Steine für mein Vorgärtchen geholt, aber meine Hände waren zu schwach für ein solches Vorhaben, und meine Nachbarn ließen sich in jener Zeit lieber nicht mit mir blicken.

*

Auch der Stalin an der Stalinallee mußte verschwinden, nachdem der Genosse Chruschtschow die Betriebsgeheimnisse der Regierung seines Vorgängers ausgeplaudert hatte. Und nun, dank der freundlichen Mithilfe Gorbatschows bei dem Zusammenschluß der beiden deutschen Staaten, ist der Lenin dran am Leninplatz, und nicht nur der, die Liste ist lang. Was das alles kosten wird! Und was stellt man hinterher hin? Eine leere Stelle erinnert doch in noch peinlicherem Maße als das Denkmal selber an die gefallene Größe aus vergangenen Zeiten!

Ich frage: Reißt man denn eine Straße ab, nur weil sie nach einer nicht mehr erwünschten Figur einer nicht mehr erwünschten Geschichte benannt ist? Lieber hängt man doch einfach ein neues Straßenschild an die Ecke.

Daher mein Vorschlag: Die Stadtbehörde lasse nur den Kopf des Lenin-Denkmals abnehmen und ihn durch einen anderen, weniger anstößigen ersetzen, gleich mit Gewinde am Hals, damit er bei Sturm auch festsitze. Als Ersatzkopf für den Lenin läßt sich etwa ein Bismarck-Kopf denken; auch der Kanzler Bismarck hatte markante Züge und war, als Gründer des Reichs, eine Art Vorgänger unsres Dr. Kohl. Oder auch ein Kopf von Wilhelm Busch, dem beliebten Erfinder von Max und Moritz; ein Künstlerkopf wird eher von Dauer sein als der eines Politikers, und die Leninallee könnte dann Max-und-Moritz-Allee heißen, was in jedem Fall phantasievoller wäre als der Name, den unsre heutigen Stadtväter und -mütter sich dafür ausgedacht haben. Und die vor der Nikolaikirche so hübsch gruppierten Engels (stehend) und Marx (sitzend) könnten mit den Köpfen von Goethe und Schiller sehr rasch in ein viel weniger kontroverses Dioskurenpaar verwandelt werden.

Und so in allen neuen Bundesländern durch Wandel der Köpfe ein Wandel der Zeiten. Aber die abgenommenen Köpfe bitte hübsch aufheben – für eventuelle spätere Wenden.

*

Wie jedoch, wenn das ganze Denkmal aus nichts besteht als einem Kopf? Was machen wir mit dem riesigen Marx-Kopf in Karl-Chemnitz-Stadt, der uns, von seiner Hauswand her, quer über die Straße mit vorwurfsvollem Blicke verfolgt?

Sogar dafür gäbe es eine Lösung. Statt dem steinernen Ungeheuer mit Hammer und Meißel zu Leibe zu rücken, setze man ihm einen Helm auf aus Gips oder Plaste, mit zwei Hörnern dran, und schon wird aus dem Trierer Juden Marx der Cherusker Armin, der Germanenheld, der die Römer schlug im Teutoburger Wald und so sein Teil zur Entstehung der glücklich vereinten neuen, größeren Bundesrepublik Deutschland beitrug.

Und auch dieser Helm ließe sich, sollte sich's so ergeben, wieder abnehmen.

Erinnerungen

Da war ich nun bei Tucholsky. Er liegt in Mariefred, übers Wasser von Schloß Gripsholm, das er so geliebt hat; aber der dicke Stamm der alten Eiche auf dem kleinen Friedhof, unter der zu ruhen er sich wünschte, versperrt ihm die Aussicht auf die drei roten Türme im Mittagsdunst. Auf dem schweren flachen Stein mit den Trageringen steht zu lesen, alles Vergängliche sei nur ein Gleichnis – und die Jahreszahlen: 1890–1935. Wie jung er doch war, als er am Leben verzweifelte! Die Schweden, berichtete mir mein Begleiter, hätten ein schlechtes Gewissen heute gegenüber Tucholsky; er mußte um sein Asyl fürchten, das sie ihm nur unter Bedingungen gewähren wollten, die zu erfüllen ihm unmöglich schien.

Und während ich da stand und über den Mann unter der Eiche nachdachte, der der Welt noch so viel hätte geben können, Heiteres, und Trauriges und Bitteres wohl auch, zündeten die Skinheads in Hoyerswerda den Asylanten das Dach überm Kopfe an und brüllten die alten Losungen, die der Tote auf dem Friedhof zu Mariefred auch schon gehört hatte, in dem Deutschland vor 1933.

*

Und dann habe ich mir die Filme angesehen, welche die unbestechliche Kamera aufgezeichnet von den Gesichtern dieser sächsischen Rambos, während der Aktion und danach, und ich dachte, wo hab ich die nur schon erlebt, und dann fiel es mir ein: nur damals hatten die Kerle braune Mützen getragen und braune, schlecht sitzende Hemden, und die Molotow-Cocktails waren noch nicht erfunden; das Brändelegen war mühsamer.

Und da war das liebreizende junge Mädchen, das blonde Haar eng anliegend am schöngeformten Schädel, und der Teint so makellos weiß – aber der Blick der blauen Augen, direkt gerichtet ins Objektiv, hart, hart, hart, und das Lächeln grauenerregend, als einer sie fragte, was nun, wenn die Kinder im Zimmer dort verbrannt wären? Der Schäferhund, wo war der Schäferhund, der zu ihr gehörte, und die Peitsche, die lederne Peitsche der KZ-Kommandeuse?

Und das Schlimmste: die Gesichter der anderen, der Zuschauer, der braven, sonst so untertänigen Bürger, der Frauen vor allem, dicklich schon die meisten mit den Falten, welche der tägliche Frust in die Haut kerbt, doch nun freudig erregt dreinblickend, denn hier wurde aufgeräumt, endlich, und gesäubert, Deutschland den Deutschen, nach vierzig Jahren, wo einem verwehrt war zu sagen, was man dachte.

Wie ich sie kannte, alle, aus der Zeit der Kristallnacht – aber auch später, als sie durch die Ruinen schlurften und den Siegern erklärten, nein, sie doch nicht, sie trügen keinerlei Schuld.

*

Und die Regierung? Ich meine die heute, die in Dresden wie die in Bonn.

Die Regierung kniff. Die Regierung überließ das Schlachtfeld den Angreifern und verlud die Menschen, die da verstört in den feuergeschwärzten Räumen des Asylantenheims hockten, in Busse und schickte sie hinaus in die Nacht, Bestimmung unbekannt, und einer der Busfahrer hielt dann an, mitten im Nirgends, und befahl seinen Passagieren, »Raus!«, und da standen sie nun, ein neudeutsches Gruppenschicksal.

Gut, das war in Hoyerswerda, im finstersten Osten. Aber wo ist Hoyerswerda nicht? . . . Die Spur der Gewalttätigkeit, der faschistischen, zieht sich kreuz und quer übers Land, West wie Ost, nur im Osten zeigt sie sich stärker, weil hier der soziale Zündstoff sich sammelt.

Und es soll mir doch keiner einzureden versuchen, daß diese Überfälle so spontan kommen, aus der reinen Seele unsrer patriotischen Jugend. So unfähig kann doch sogar die frisch zusammengepappte Einheitspolizei nicht sein, daß sie nicht feststellen könnte, wie da die Fäden laufen und wer daran zieht.

Meinen Respekt vor den Politikern, die niedliche, saubergeschrubbte dunkle Asylantenbabys auf den Arm nehmen, als wären's die eigenen – doch würde meine Achtung vor den Herren noch steigen, wenn sie auch Order gäben, dem Spuk ein Ende zu setzen. Order – wem? Einer Beamtenschaft, die insgeheim glaubt, geschieht diesen Ausländern ganz recht, wenn sie mal eine Abreibung kriegen, was wollen sie hier überhaupt, schmarotzen herum bei uns und machen krumme Geschäfte, und wir füttern sie noch durch und geben ihnen freies Quartier; und die Ost-Ordnungshüter sagen sich außerdem, bei dem Bruchteil, den ich kriege vom Gehalt der Kollegen drüben, und weiß ich, ob ich morgen den Job überhaupt noch habe, da soll ich mir heute den Schädel einschlagen lassen von den Glatzen, nein danke.

Und dann die Politiker selber – die sind doch auch beeindruckt von den Massen derer, die den Schlägern wohlgefällig zunicken, oder? Was Wunder, wenn sie da nicht folgerten, das sind doch, bittesehr, meine Wähler, soll ich mir die vielleicht auch noch verprellen dieser elenden Neger wegen und der Fidschis und Zigeuner, und wegen der Juden, der russischen, die die jeweilige Regierung in Moskau uns schickt?

*

Das höre ich gern, die DDR wäre an allem schuld.

Die DDR hätte die armen Kinder unterdrückt, vierzig Jahre lang, und nun, da sie, diese Kinder, wir sind ein Volk, sich befreit hätten von dem Druck, ließen sie eben, schon bei Freud sei derlei nachzulesen, ihren Aggressionen freien Lauf; da müsse man doch Verständnis haben, und sich an einen mehr oder weniger runden Tisch mit den Kindern setzen und gemeinsam mit ihnen über ihre seelischen Probleme reden. Die Theorie ist mir lange schon bekannt, und wenn ich mich recht erinnere, war es Tucholsky selber, der dazu dichtete, *Küßt die Faschisten, wo ihr sie trefft.*

Die DDR hat Kinder unterdrückt, jawohl, aber ganz andere Kinder – Kinder, die Kerzen trugen und auf dem Ärmel einen Aufnäher mit dem Prophetentext Schwerter zu Pflugscharen, und die sich Gedanken darüber machten, wie man den Sozialismus mit Demokratie und den lieben Gott mit den Bedürfnissen der Arbeiterklasse in eins bringen könnte. Und als die ersten Skinheads in der DDR auftauchten, in den achtziger Jahren, haben Mielkes Leute sie sogar gelegentlich benutzt, um denen mit den demokratischen Flausen im Kopf eins über die Rübe zu geben; und als jemand dem Genossen Honecker von den neuartigen Schlägern berichtete und ihn darauf hinwies, welch ein Gezücht da in den Schulen seiner Gattin aufwuchs, ließ er in den Betrieben nachfragen und erfuhr, daß die Skins dort bekannt dafür seien, daß sie fleißig an ihrer Maschine werkelten und sich sauber hielten, und dieser Bescheid beruhigte ihn ungemein.

Nein, das kroch nicht nur aus DDR-Schoße. In beiden deutschen Staaten blieben die faschistischen Muster erhalten, sich fortpflanzend von Vätern zu Söhnen, weil keiner, weder Ost und noch West, sich wirklich die Mühe gemacht hatte, über das eigene Verhalten in der Vergangenheit nachzudenken und mit dem seelischen Unrat aufzuräumen, der sich da angehäuft hatte. Und was die östlichen Schläger und deren Anhang betrifft, so wurden deren psychische Deformationen weniger durch die DDR-übliche stupide Schulmeisterei erzeugt als durch die innere Unsicherheit der Menschen, besonders der jungen, welche ein Nebenprodukt ist der neuen Marktwirtschaft. Die Kehrseite der großen Freiheit, die dem einen gestattet, Millionen zu scheffeln, während der andere seiner Arbeit beraubt wird und damit seines Lebensinhalts, ist die große Hilflosigkeit, die zur Aggression führt.

Und wer, einmal ins Aus gestoßen und von Selbstzweifeln geplagt, an den gleichen Symptomen leidende Gleichgesinnte findet und gleich ihnen an der gleichen Ecke stehen und in der gleichen Kneipe saufen und gar noch den gleichen Feind, einen schwächeren natürlich, zusammenstechen darf, der wird, gestärkt und gestützt von seinesgleichen, sich plötzlich riesenhaft vorkommen und die deutsche Einheit erst so richtig genießen. Heil Hitler.

*

Das ist die eine Seite. Die andere, das sind die Asylanten.

Asylant, zu englisch Refugee, einer, der ein Refugium sucht, eine Fluchtstätte vor politischer Verfolgung und vor Gefahr an Leib und Leben. Tucholsky war einer, und auch ich, nur hatte ich mehr Glück als er und durfte, nach langem Hin und Her und großen Ängsten, in Amerika bleiben. Ich weiß also, wie einem zumute ist, der Schutz und Sicherheit sucht, und jener Artikel im Grundgesetz, der die deutsche Regierung verpflichtet, Asyl zu gewähren den Verfolgten, entsprang einer edlen Emotion.

Aber sind sie nun sämtlich politisch Verfolgte, die da in das reiche Deutschland hineinwollen? Oder ist nicht auch der gewöhnliche Hunger ein Verfolger, vor dem man zu fliehen sucht?

Und wer trifft da die Entscheidung, welcher Bürokrat, und wie lange dauert es, bis er sie trifft, und was, wenn der Antragsteller nicht echt ist und sich nur hineinschmuggeln möchte in unser Wirtschaftsparadies zum

Hütchenspielen oder zum Drogenverkauf? Oder, wenn's eine Frau ist, zur Prostitution? Und wohin mit den Leuten, wenn endlich feststeht, daß sie kein Anrecht haben auf den Segen des Artikels 16, Grundgesetz? Welches Land nimmt sie uns ab? Nicht mal ihr eigenes.

Da könnte einer schon auf den Gedanken kommen, die Skinheads hätten recht, wenn sie tabula rasa machen möchten: weg mit ihnen allen, die uns da kommen mit ihrer fremdartigen Haut und ihren watschelnden Weibern und ihrer ganzen lärmenden Brut.

*

Und doch haben sie unrecht, die Skins und die, die ähnlich denken wie sie. Denn auch der Terror gegen die Ausländer nützt nichts, in Hoyerswerda oder irgendwo. Es sind ihrer nämlich zu viele schon, die begehrlich blikken nach den Ländern, in denen die Läden noch voll sind mit Eßbarem, und mit Elektronik. Habt ihr die Schiffe gesehen aus Albanien, an deren Bordwand die Menschen wie Trauben hingen, bevor sie hinabsprangen auf den Quai, den italienischen? Was wäre, wenn die Schiffe statt in Bari in Bremerhaven angelegt hätten? Was wäre, wenn die in Calcutta, wo sie zu Hunderttausenden im Staub der Straße liegen und um eine Handvoll Reis betteln, sich aufmachten nach Hoyerswerda oder, näherliegend, die Russen herkämen, sollte dort drüben noch mehr schiefgehen als schon schiefgegangen ist? Müssen wir dann alle zu Skinheads werden, oder neue Mauern bauen an unseren Grenzen – und wie hoch müßten die sein, um dem Ansturm standzuhalten?

Denn Hoyerswerda ist ein Weltproblem.

Nur die Skinheads, die das aufgezeigt haben, wissen es nicht; und ob es die in Bonn wissen, ist zu bezweifeln, sonst würden sie, statt sich zu erhitzen über Paragraphen, dem Übel an die Wurzel zu gehen versuchen, im Verein mit anderen Regierungen, und würden, als erstes, ein Fax schicken an den Papst Woytila mit der dringenden Bitte, er möge doch endlich aufhören, bei jedem befruchteten Ei darauf zu bestehen, daß es auch aufwachse zu einem Wesen, für das keine volle Schüssel mehr da ist.

*

Damals, als ich die Gesichter zum ersten Mal sah, die ich jetzt wiedergesehen, wußte ich nur, daß sie Unheil bedeuteten – aber welcher Art und wie groß das Unheil sein und welche Opfer es fordern würde, konnte ich nicht einmal ahnen.

Heute wissen wir mehr, viele von uns haben miterlebt, in was für Zeiten wir hineingerieten. Laßt die Gesichter von Hoyerswerda uns eine Mahnung sein darum, und tun wir alles, um zu verhindern, daß neues, noch schlimmeres Unheil über uns kommt.

Treuhand aufs Herz

Treuhand aufs Herz – wer weiß eigentlich mit Sicherheit, was für ein Laden das ist, der da, versehen mit einer Macht, wie sie nur das Politbüro hatte, über das Wohl und Wehe von Hunderttausenden, nein, Millionen Menschen in der ehemaligen DDR entscheidet und Schicksal spielt mit ihnen?

Wer, und was, ist diese Treuhandanstalt, die da gleichsam über Nacht auftauchte und, ohne daß irgendeiner auch nur die leiseste Frage nach ihrer Berechtigung stellte, über das gesamte Volksvermögen auf dem Gebiet, das später »Die neuen Länder« genannt wurde, verfügt? Wie ist dieses Machtmonopol zustande gekommen? Wer hat es legitimiert? Und warum müssen wir, die wir selber uns, einst in den Oktobertagen, zum Volk erklärten, vor dieser Institution hocken wie das Kaninchen vor der Schlange und uns, früher oder später, von ihr schlucken lassen?

*

Der Ur-Skandal war, daß in dem sogenannten real existierenden Sozialismus die Produktionsmittel, die nach den Maßgaben der Erfinder der eigntlichen Idee, der Genossen Marx, Engels und Lassalle, dem Volke gehören und von diesem zum Nutzen aller Menschen gebraucht und verwaltet werden sollten, einer ebenso selbsternannten Körperschaft unterstanden wie es die Treuhandanstalt heute ist, nämlich dem bereits erwähnten Politbüro der allein alleswissenden, allein allesbeherrschenden Partei.

Kaum aber war dieses Politbüro gestürzt, und kaum war die Chance da, daß das Volk sich seines Eigentums endlich bemächtigen und bedienen konnte, wurde die Chance vertan: zwar gab es Betriebe, in denen Versuche in dieser Richtung unternommen wurden, vergebliche leider, aber im großen Ganzen waren die Menschen, und man kann sie auf Grund ihrer Geschichte verstehen, mehr an den neuen Konsummöglichkeiten interessiert als an den neuen Möglichkeiten einer Produktion, deren Ergebnisse nicht mehr der Firma Honecker, Mittag & Schalck, sondern ihnen selber gehören würden.

*

Es gab jedoch in jenen Wendetagen ein paar Leute bei den neuen Gruppierungen an den runden Tischen, denen der an sich lobenswerte Gedanke kam, man müsse sich doch vielleicht um die nun herrenlos herumliegenden Werte kümmern, um all den Grund und Boden, all die Gebäude und Maschinen, und was derlei noch vorhanden und nicht bereits zugrunde gewirtschaftet war. In jenen Kreisen besann sich einer, oder vielleicht waren es auch mehrere, des frühbürgerlichen Begriffs der Treuhand – ein Treuhänder verwaltet nach bestem Treu und Glauben etwa das Erbe von minderjährigen Waisen – und so sollte auch eine Treuhandgesellschaft her für das kollektive Erbe des plötzlich verwaisten DDR-Volkes, damit dieses nicht etwa auf den Gedanken käme, selber etwas damit anzufangen.

Nun hatten die meisten jungen Leute in diesen Gruppen – noch heute bestehen ein paar Gruppen der Art und ihre nicht sehr zahlreichen Vertreter im Bonner Bundestag dürfen dort gelegentlich fünf Minuten lang reden – diese Leute also hatten sich in den Tagen vor und während der DDR-Wende auf ihre basisdemokratische Manier durchaus klug und tapfer verhalten, im Gegensatz zu all jenen, die das Maul erst recht aufrissen, nach dem das nicht mehr mit irgendeiner Gefahr verbunden war. Aber es mangelte ihnen an einer gründlicheren politischen Erfahrung und vor allem offenbar an Kenntnis der Tatsache, daß die Macht über die Produktionsmittel die Macht im Staate bedeutet, und daß ein Unternehmen, heiße es Treuhand oder sonstwie, dem man eine solche Macht aushändigt, sie kaum je wieder hergeben wird.

*

Auf der Spurensuche nach den Ursprüngen der Treuhand findet man tatsächlich im Gesetzblatt der DDR vom 8. März 1990 unter dem Titel »Beschluß zur Gründung der Anstalt zur treuhänderischen Verwaltung des Volkseigentums (Treuhandanstalt)« unter Punkt 1 schon die Feststellung: *Zur Wahrung des Volkseigentums* wird mit Wirkung vom 1. März 1990 die Anstalt zur treuhänderischen Verwaltung des Volkseigentums gegründet.

Aber dann kam der kleine dürre Herr de Maiziere, gesponsert von dem großen dicken Herrn Kohl, an die Regierung, und da las sich's plötzlich anders. Im Gesetzblatt vom 22. Juni 1990 wird die Sache nun »Gesetz zur Privatisierung und Reorganisation des volkseigenen Vermögens (Treuhandgesetz) vom 17. Juni 1990« genannt. Also nicht mehr *Wahrung des Volkseigentums*, sondern dessen *Privatisierung und Reorganisation*, soll heißen Ausverkauf und Vernichtung. Vom Volk, dem das Ganze ja eigentlich gehörte, ist in diesem neuen Gesetz überhaupt nicht mehr die Rede, nur von den verschiedenen Bürokratien und ihren Zuständigkeiten im Rahmen der Anstalt. Das Volk kann sich sein Eigentum in den Rauchfang schreiben.

*

In der Zeit, erinnere ich mich, erhielt ich einen Anruf von Arbeitern der Narwa-Werke in Berlin, man stellt dort elektrische Birnen her und ähnliches. Ihre Gewerkschaft, sagten sie, sei nicht mehr existent, ditto Gott sei Dank auch ihre Parteiorganisation; ob ich ihnen vielleicht einen

Rat geben könnte, wie sie mit ihrem Eigentum, den Narwa-Werken, verfahren sollten.

Ich ging hin. Da saßen mehrere hundert Männer und Frauen in ihrer Arbeitskleidung und machten sich Sorgen um ihren Betrieb, der allerdings in keinem besonders guten Zustand zu sein schien – aber jedenfalls produzierten sie noch und berichteten, Osram, ihre alte Firma drüben, sei an einer Zusammenarbeit mit ihnen interessiert.

Ein anderer sagte, man würde Osrams Hilfe zweifellos brauchen, und würde dafür auch zahlen müssen; möglicherweise könnte man ein Joint Venture mit Osram machen, aber achtet darauf, Kollegen, daß ihr 51 Prozent der Narwa-Anteile für euch behaltet.

An die Treuhand dachte noch keiner; Volkseigentum war Arbeitereigentum, und Narwa war ihres. Die Treuhand wird wissen, wem sie den Narwa-Betrieb dann zugeschustert hat, und wie viele von den Kollegen, die sich damals um ihren Betrieb bemühten, noch darin arbeiten.

*

Wer erinnert sich des Dr. Peter Moreth, des ersten Chefs der Treuhandanstalt, den der Genosse Modrow noch einsetzte, oder des Herrn Rainer Maria Gohlke, einstigen Direktors der Bundesbahn, der diesem im Amt folgte. Beide begriffen irgendwie nicht ganz, was von ihnen gewollt wurde seitens der Herren, die in Bonn das wirkliche Sagen hatten, und so mußten sie abtreten, sang- und klanglos.

Dann kam Karsten Rohwedder. Rohwedder begriff nur zu gut, worum es ging, und handelte danach, und wo man auch hinblickt in der ehemaligen DDR erkennt man die Resultate seines Wirkens.

Ich möchte nicht, ich wiederhole *nicht*, mißverstanden werden: ich bin gegen jedweden individuellen Terror und gegen die bübischen Anschläge, die von derart Terroristen vollführt werden, also auch gegen das Attentat auf Rohwedder. Mord ist kein Argument, er ist eine Bluttat, und an die Stelle des Ermordeten tritt ein anderer und setzt dessen Werk, sei es gut oder böse, fort.

In diesem Fall war der Nachfolger eine Frau, Birgit Breuel. Sie ist eine kluge Frau, heißt es, und ein Organisationstalent, aber kühl, kühl bis ins Herz. Und Frau Birgit Breuel setzt nun fort, wo Rohwedder abbrechen mußte, und alles, was noch einigermaßen brauchbar gewesen aus den Beständen der alten DDR, denken wir nur an die Interflug, wird abgewickelt und vernichtet, und alle Werte, die man noch nützen könnte, Grund und Boden etwa und Gebäude, werden ihren eigentlichen Besitzern, dem Volk, unterm Hintern wegeskamotiert und zu Billigpreisen verscherbelt, an wen eigentlich, bitteschön, und, wie ich gerade in der Zeitung lese, wurden jetzt sogar eine Million Flaschen Weißbier, in Sechserpackungen für den Export, aus der auch von der Treuhand geschlossenen Weißenseer Brauerei, auf den Müll gekippt, weil die Treuhand die Lagerhalle, in der das Bier lag, einem Interessenten eilig zugeschoben hatte.

Wir sind das Volk! – Da hätten sie uns doch wenigstens jedem eine Flasche Bier geben können, mit den Komplimenten der Treuhand.

*

Die Sache hat natürlich ihren sozialen Sinn.

Hat sich mal einer überlegt, warum immer die Ostbewohner, seien sie Arbeiter, Ingenieure, Verwaltungsleute, Ärzte oder was auch, ihre Jobs verlieren? Warum nicht auch mal ein westlicher Deutscher? Sind die im Osten wirklich fauler und dümmer als die Brüder und Schwestern drüben? Ich habe immer gefunden, daß ein östlicher Handwerker, wenn mal ein Ersatzteil fehlte, sich besser zu helfen wußte als der Westkollege; das Improvisieren hat er ja jahrelang geübt.

Wo ist die Gleichberechtigung? Haben sich zwei Teile eines Volkes in Freiheit vereinigt, oder hat der eine, der reichere, sich den anderen, ärmeren, untertan gemacht und verfährt nun mit ihm nach Gutdünken, nach dem Gutdünken der Treuhand?

Oder ist es gar so, daß der ganze Osten des Landes als Produktionsstätte gar nicht gebraucht wird, weil die westdeutsche Industrie die fünf neuerworbenen Länder ohne weiteres mitversorgen kann, bei erheblich erhöhter Rendite, versteht sich?

Nun sollen Beschäftigungsunternehmen eingerichtet werden für die Abertausende von Arbeitslosen, die es jetzt bei uns gibt, und die Treuhand soll sich mit zehn Prozent an dem Projekt beteiligen. Ja, es ist besser, daß die Menschen irgend etwas tun, auch wenn es nicht produktiv ist, und dafür bezahlt werden, als wenn sie herumsitzen und für ein Almosen die Daumen drehen. Ich würde die milde Gabe akzeptieren, wie auch alle andern milden Gaben seitens der Regierung und ihrer Treuhand – aber ich würde auch, wie die Arbeiter das früher getan haben, an die Herren die Frage stellen: *Gut, das ist der Groschen, aber wo ist die Mark?*

*

Vielleicht könnte man sich auch dafür interessieren, wer die Damen und Herren sind, die nicht nur in der Berliner Zentrale der Treuhand sitzen, sondern auch in ihren Provinzfilialen und darüber bestimmen, wer morgen noch früh zur Arbeit gehen darf und wer aus dem nützlichen Leben ausscheiden soll.

Wenn das alles nur Westler sind, eingeflogen in den Osten, um hier tabula rasa zu machen, so ist das schlimm genug, denn sie kennen die Menschen hier nicht und richten schon deshalb eine Menge Unheil an, selbst in bester Absicht. Aber man hört, daß da auch eine ganze Anzahl von Leuten sitzen, die zu jenen gehörten, die in der guten alten Honeckerzeit bereits alles zugrunde wirtschafteten und die nun, von neuen Schreibtischen aus und versehen mit dem neuen Amtssiegel, diese Art von Tätigkeit fortsetzen.

Wirklich, man hat das Gefühl: eine Treuhand wäscht die andere.

Gott helfe uns, amen.

Kleines Gespräch mit Herrn Dr. K.

Höflich und in aller Ruhe – wenn ich ihm begegnete, mehr oder weniger zufällig, würde ich ihm sagen: Meinen Sie nicht auch, Herr Dr. K., es wäre an der Zeit, daß Sie zurücktreten? Jetzt, jawohl, da Sie es noch tun können, ohne dazu gezwungen worden zu sein durch Aufruhr oder Skandal, und da das Schiff noch schwimmt, auf dem Sie und ich und wir alle uns befinden, und da um Ihr Haupt noch ein Schimmer zu spüren ist der Glorie des großen Vereinigers, als den Sie sich so gerne sehen.

Ich weiß, ich weiß, und jeder weiß es, der Ihr Gesicht studiert hat und den Blick Ihrer Augen, welcher so offen und treuherzig erscheint und in Wahrheit alles verbirgt, was in Ihnen vorgehen mag: Sie glauben, auch dieses überstehen zu können, oder aussitzen, wie man es wohl in Ihren Kreisen nennt. Und mit gewisser Berechtigung – stand das Glück nicht immer auf Ihrer Seite? Und haben Sie nicht immer dieses untrügliche Gefühl für den rechten Moment gehabt, da es zuzugreifen und zuzuschlagen galt? Und warum, werden Sie denken, sollte Ihr Glück Sie jetzt verlassen, Ihr Instinkt versagen, der Ihnen seit je so nützlich gewesen?

*

Und doch, davon bin ich überzeugt, rühren sich bereits in Ihrem Herzen die Zweifel.

In Ihrem Ostvolk, das Ihnen in einer Stunde kindlichen Zutrauens einst zurief, »Helmut, nimm uns bei der Hand, und führ uns ins Wirtschaftswunderland!« sagen sie jetzt, »So haben wir uns das nicht vorgestellt«. Haben *Sie* es sich so vorgestellt, Herr Dr. K.?

Haben Sie sich überhaupt etwas vorgestellt? Haben Sie eine Konzeption gehabt, wie das wohl funktionieren würde, zwei solch ungleiche Teile eines Landes, reich der eine, arm der andere, und bewohnt von Menschen mit solch ungleicher Vergangenheit und von solch ungleichem Wesen, auf einmal zusammengewürfelt, zusammengewirbelt – oder haben Sie einfach gedacht, als Sie da umjubelt standen in Dresden: das reißen wir uns unter den Nagel, die wollen's ja so haben, und die paar Bimsen, die es eventuell kostet, die schaffen wir mit links.

Und nun sind da, bei Ihrem Ostvolk die Ängste, und bei dem Westvolk der Ärger, und alles nur, weil Sie weder genug Kenntnis noch genug Phantasie hatten, um zu erahnen, daß man sich auch verschlucken könnte bei der Riesenschluckaktion, und daher dem Ostvolk wie dem Westvolk das Blaue vom Himmel herunter versprachen.

*

Ja, Ihre Versprechungen.

Muß ich sie aufzählen? Jeder kennt sie, jeder erinnert sich, die für das Ostvolk wie die für das Westvolk berechneten. Ich habe sie damals gehört, die schönen runden Sätze, keiner wird, keiner soll, wie sie im Brustton der Überzeugung aus Ihrem Munde kamen, Herr Dr. K., und habe mir im Stillen gedacht, sein Wort in Gottes rechten Gehörgang.

Aber Gott war, wie zu erwarten, taub auf dem Ohr, und nun sitzen wir da, das Ostvolk mit seiner Arbeitslosigkeit und seinen zerbrochenen Hoffnungen und das Westvolk mit seiner neuen, unerwarteten Bürde, und allesamt fassungslos angesichts dieser Zustände. Und von Ihnen, Herr Dr. K., was vernehmen wir? Es könne ja sein, dieses mit leicht gequetschter Stimme, Sie hätten die Schwierigkeiten ein wenig unterschätzt; und darauf gleich wieder volltönend und ermunternd: aber wenn nicht diesen Sommer, dann im nächsten oder schlimmstenfalls übernächsten werde die Talsohle erreicht sein, und danach ginge es aber los, steil nach oben; an Geld werde es nicht fehlen; das deutsche Volk müsse sich nur auf seine Tugenden besinnen.

Aber Regierungen, das wissen Sie selbst, können sich derart falsche Einschätzungen nicht leisten; und ich glaube auch nicht, daß Sie etwas falsch eingeschätzt haben; Ihr nahezu perfektes Timing und Ihr Geschick bei der gewaltlosen Übernahme der DDR beweisen Ihre Fähigkeiten auf dem Gebiet der Machtspiele. Nein, Sie haben schon um die Probleme gewußt, die auf Sie und auf uns zukommen würden bei diesem Anschluß; nur haben Sie Ihr Wissen von sich geschoben und verschwiegen, vor dem Ostvolk wie dem Westvolk, und vielleicht sogar vor sich selber.

*

Wenn Sie wenigstens hören könnten, Herr Dr. K.!

Ich meine auf die Schattierungen in der Stimme der alten Rentnerin, die in der DDR schon jetzt nur knapp über der Hungergrenze gelebt hat und nun nicht weiß, sogar das Briefporto hat sich verfünffacht, wie sie noch leben soll; auf die gequälten Worte der jungen Mutter, die, allein und ohne Mann, ihre zwei Kinder zu nähren, zu kleiden, und zu erziehen hat, von der Miete ganz abgesehen; auf das kurze, verzweifelte Lachen, ja, so etwas gibt es, des Arbeiters, der das Tor seines Betriebs hinter sich ins Schloß fallen hört, zum letzten Mal und für immer.

Das klingt ganz anders, gewiß, als bei Ihrem Wahlbesuch der Jubelchor fahnenschwingender Jugendlicher, die Fahnen waren eigentlich für ein Sportereignis, ich weiß schon nicht mehr welches, gekauft und von Ihren Helfern zweckentfremdet worden. Aber das sind die Töne, die wirklich zählen, weil sie sich in Aktion umsetzen könnten – und vergessen Sie doch nicht, Herr Dr. K.,

Sie haben es nach der berühmten Wende auch mit jenem Teil des deutschen Volkes zu tun, das schon einmal, und so lange ist das gar nicht her, eine Regierung gestürzt hat.

Aber selbst wenn Ihr Ohr auf diese Töne nicht eingestimmt ist, so lesen Sie doch, Politiker, der Sie sind, die Statistiken Ihrer Wirtschaftsgremien und die Berichte Ihrer Meinungsforschungsinstitute, und sehen die farbigen Linien, welche die Stimmung in den Schichten und Gruppierungen der Bevölkerung und deren Ursachen auch dem Taubsten zum Bewußtsein bringen. Brauchen Sie wirklich noch eine Feuerschrift an der Wand, um Ihnen das Mene Tekel deutlich zu machen?

Und wie, Herr Dr. K., schlagen Sie vor, dem zu begegnen? Haben Sie, wenn es Ihnen am Anfang der ganzen Sache schon jeder Konzeption ermangelte, jetzt wenigstens eine?

*

Ich kann verstehen, wenn Ihre Partei Hemmungen hat, Ihnen meinen Ratschlag nahezulegen; Ihre Leute wissen, eine Persönlichkeit mit Eigenschaften wie den Ihren findet man nicht so leicht wieder, und sie fürchten um die eigne politische Haut; dabei müßte ihnen doch klar sein, daß ihre Haut eine bessere Chance hat, heil zu bleiben, wenn Sie, Herr Dr. K., sich aus dem öffentlichen Leben verabschiedeten – in allen Ehren, selbstverständlich, und Ihre Position jemandem überließen, der besser und feinfühliger als Sie auf die großen Nöte der Menschen im Lande zu reagieren imstande ist, und der die Courage hat, außer den erzkonservativen Gedanken von der freien Marktwirtschaft und den absoluten Vorrechten des Privateigentums und den sattsam bekannten Volkstugenden auch ein paar neue Ideen zu entwickeln.

Ich will keine Namen nennen, die da in Frage kämen, denn ich möchte die Betreffenden nicht in Verlegenheit bringen; wir alle wissen, daß Sie mit möglichen Thronfolgern eine höchst unsanfte Art haben.

Und nun bin ich gespannt, wie es mit Ihnen wird, Herr Dr. K. Und ich bin nicht der einzige.

Präsident Lear

Sonst zahlt man, um eine gute Shakespeare-Aufführung zu sehen; diesmal bekamen wir's umsonst und frei Haus geliefert, einschließlich Schlachtenlärm und Helden und Narren, und Spannung bis zum Ende. Wenn, heißt das, wir schon am Ende des Stückes sind.

In König Lear, Akt I, 3. Szene sagt einer der Ritter zum König, »Mylord, ich weiß nicht, was vorgeht, aber nach meiner Ansicht begegnet man Eurer Hoheit nicht mehr mit der ehrerbietigen Aufmerksamkeit, wie man pflegte; es zeigt sich ein großes Abnehmen der Höflichkeit sowohl bei der Dienerschaft als auch beim Herzog und Eurer Tochter selbst«. Darauf der König, »Du erinnerst mich nur an meine eigne Wahrnehmung. Ich bemerkte seit kurzem eine sehr kalte Vernachlässigung, doch schob ich's mehr auf meine argwöhnische Gemütsart als auf einen wirklichen Vorsatz und absichtliche Unfreundlichkeit. Ich will genauer darauf Acht geben.«

Da ist es jedoch schon zu spät: Lear hat sein Reich verteilt an seine Töchter Goneril und Regan, die ihm Treu und Liebe heuchelten; die dritte und jüngste, Cordelia, die sich weigerte, ihm nach dem Munde zu reden, ließ er leer ausgehen und verbannte sie; so nimmt die Tragödie ihren Lauf, und sein Narr wird ihm sagen, »Der ist toll, der auf die Zahmheit eines Wolfs baut, auf die Gesundheit eines Pferdes, eines Knaben Liebe, oder einer Hure Schwur«.

*

Wir alle haben, sei's im Fernsehen, sei's in der Zeitung, die Galerie von Gesichtern gesehen, die den Mitgliedern jenes Notstandskomitees eigen, welches drei Tage lang in Moskau regierte. Oh, dieser Janajew, diese Pugo und Jasow! Kein Regisseur, der einen Gangster-Film drehte, würde es wagen, ausschließlich Schauspieler mit derart Physiognomien als Darsteller seiner Mafiosi auszuwählen aus Furcht, man könnte ihm vorwerfen, er übertreibe; und der bärtige Herr, der in der Pressekonferenz am Abend der Rückkehr Gorbatschows diesen fragte, wie es denn käme, daß er gerade solche Leute in Positionen höchster Macht gehievt habe, brachte den Präsidenten in ziemliche Verlegenheit: es sei ihnen doch, sagte der Bärtige, auf die Stirn geschrieben gewesen, was für Schurken sie waren.

Er habe, erwiderte Gorbatschow schließlich, sich in dem einen oder anderen geirrt; doch erklärt das nicht, warum er sich irrte. Nun gut, er mag in den zweiundsiebzig Stunden seiner Isolierung auf der Krim an Dringlicheres gedacht haben als eine Analyse seine Torheiten, wie Lear sie dann mit Hilfe seines Narren vornimmt.

Aber die Gründe liegen auf der Hand; es sind die gleichen, die zu der sonderbar schwankenden Politik Gorbatschows führten, zwei Schritt vorwärts und dann wieder zurück, heute Reform und morgen die Scheu davor.

*

Alle Geschichte, das lehrte den jungen Gorbatschow schon sein Instrukteur auf der Parteischule, ist die Geschichte von Klassenkämpfen. Und welche Klasse, so wird er sich wohl in schlafloser Nacht auf der Krim gefragt haben, war es denn nun, die sich da in diesem August 1991 in einer Art unedler Verzweiflung in den Kampf stürzte gegen ihn? – Doch wohl seine eigene: die Nomenklatura, die Natschalniki in der Wirtschaft und die Höheren unter den Militärs und jene Beamten und Funktionäre, deren er selbst so lange einer gewesen.

Aber bildeten diese denn, wird er sich weiter gefragt haben, eine Klasse? Das Merkmal einer Klasse, so hatte der Instrukteur erklärt, war ihr sozialer Besitzstand; die Kapitalisten besaßen die Produktionsmittel, die Arbeiter ihre Hände. Ein Nomenklatur-Kader dagegen, das hatte nun wieder die eigene Erfahrung ihn, Gorbatschow, gelehrt, besaß außer dem Hintern, mit dem der Genosse seinen Bürosessel ausfüllte, nichts; seines Postens enthoben, war er wieder nur der arme Schlucker, als der er einst angefangen hatte.

Der Sessel also, um den Sessel ging es. Der Sessel war das Merkmal dieser Klasse, ihr Besitzstand, und obwohl das Ding nicht mehr kostete als ein paar Rubel, war es wertvoller, viel wertvoller als Aktienbesitz oder Banknoten, Land oder Bauten und Maschinen, und man kämpfte darum mit aller List und mit Zähnen und Klauen. Denn der Sessel war Macht. Im Besitz dieses Möbels verfügt man über alles, was das Leben reich und komfortabel machte, über Datschen und Limousinen, französische Moden, englisches Leder, japanische Elektronik, und, als Wichtigstes, über die Menschen.

Klar, daß diese Macht ohne eigenen Grundstock, dieser Besitz ohne Besitztum, sich nur halten ließ, wenn die Klasse zusammenhielt.

*

Als sie ihn damals erwählten aus ihrer Mitte, den Jüngsten unter ihnen, denn die Älteren starben ihnen zu rasch weg, da ahnten sie nicht, weder im Politbüro noch in anderen höheren Stellen der Nomenklatura, daß er den Zaum so bald zwischen die Zähne nehmen und ihnen davongaloppieren möchte. Hoah! riefen sie und Halt!, und drohten ihm, und redeten dunkel von Verrat. Er aber hatte gut hingehört in der Parteischule, als der Instrukteur, die großen Geister des Marxismus zitierend, verkündete, daß eine Klasse abtreten müsse, die sich als Hemmnis bei der Entwicklung der Produktivkräfte erwies.

Und genau das war die Nomenklatura geworden im Lauf der Jahr, eine Klasse, die, wie die Priester, nach immer gleichem Ritus redete und in immer gleichem Schritt sich bewegte, unschöpferisch, eine Last den Menschen. Und da er dieses erkannte und sah, daß es so, wie es bisher war, nicht weitergehen konnte, bei Strafe des allgemeinen Untergangs, er aber nicht stark genug war, seiner Klasse den verdienten Tritt zu geben, es wohl auch nicht getan hätte, hätte er diese Kraft besessen, erfand er die Perestroika, den Umbau, die große Veränderung, und hoffte, die Kerle würden sich selber auch verändern im Verlauf des Prozesses, wenn er, Gorbatschow, ihnen nur mit genügend Geduld zuredete und ein wenig Druck machte mit Glasnost, und würden einsehen, daß alles, was er tat, in ihrem Interesse geschah, im Interesse ihres Staates und seiner und ihrer Partei.

Und deswegen, im Vertrauen auf diese Einsicht, hatte er Janajew und die anderen, die ihm dann das Ultimatum stellen würden, das seinem Selbstmord gleichgekommen wäre, seinem politischen, und die Wachen ihm vor die Tür setzten, damit er ihnen nicht entkäme, zu seinen vertrauten Weggenossen ernannt, sie und er stammten aus dem gleichen Stalle und hatten den gleichen, vertrauten Stallgeruch an sich: so rochen Verräter nicht, hatte er sich gedacht in seinem alten Funktionärshirn.

Goneril und Regan sind Aristokratenweiber, wie denn auch Lear ein Aristokrat, dessen größter Schmerz es ist, daß ihm die Töchter sein Gefolge beschneiden, von hundert Rittern auf fünfzig auf fünfundzwanzig, und dann auf null; nur der Narr verbleibt ihm und der als einer aus dem Volk verkleidete Kent. Im Gegensatz zu ihrem Vater wissen Goneril und Regan jedoch, was Macht ist und zeigen ihm, was einem passiert, der, im Glauben an das Gute im Menschen, de facto seine Klasse verrät, indem er deren Macht leichtfertig verschenkt.

So auch die Genossen vom Notstandskomitee. Ihnen saß der Schreck noch in den Knochen von damals, als er ihnen auf den Leib rückte mit seiner Glasnost; der Schreck und die tiefe, instinktive Feindschaft gegen den trotz aller Ähnlichkeiten Andersartigen, und die Furcht vor ihm; hätten sie ihn nicht immer noch gefürchtet, sie hätten ihn wohl unsanfter behandelt, als sie ihn besuchen kamen in der Krim; irgend einer von ihnen hätte die Pistole gezogen und gesagt, »Wir geben dir dreißig Sekunden, Michail Sergejewitsch, deinen Rücktritt zu unterschreiben«, und das wär's dann gewesen.

Aber es fand sich kein Stalin unter ihnen und kein Dserschinski, sie waren allesamt zweitrangige Leute, mit schlechtem Gewissen.

*

Gegen Schluß des Stücks, seine besten Absichten in ihr Gegenteil verkehrt, wird der König von Wahnsinn befallen. Die Szene ist nicht ein Ort in der Krim, sondern England.

LEAR: Sie schmeicheln mir wie Hunde. – Ja und Nein zu sagen zu allem, was ich sagte! – Ja und Nein zugleich, das war keine gute Theologie. Als der Regen einst kam, mich zu durchnässen, und der Wind mich schauern machte, und der Donner auf mein Geheiß nicht schweigen wollte, da fand ich sie, da spürte ich sie aus. Nichts da, es ist kein Verlaß auf sie . . .

Unter uns – den Platz gewechselt und die Hand gedreht: wer ist Richter, wer Dieb? Sahst du wohl eines Pächters Hund einen Bettler anbellen? – Und der Wicht lief vor dem Köter: da konntest du das große Bild des Ansehns erblicken; dem Hund im Amt gehorcht man.

Wie, kein Entsatz? Gefangen? Bin ich doch
Der wahre Narr des Glücks. Verpflegt mich wohl,

Ich geb' Euch Lösegeld. Schafft mir 'nen Wundarzt,
Ich bin ins Hirn gehaun.

*

Zweimal, so scheint es, war er dicht an der Grenze, die Lear bereits überschritten hatte. Da ließ sich, live im Fernsehen, das jedem Arzt vertraute Irrlichtern erkennen in seinen Augen: das erste Mal, als er berichtete, wie die, die zu seinem Schutz mit ihm gereist waren, zu seinen Gefangenenwärtern wurden, und das zweite Mal, als er von sozialer Gerechtigkeit sprach und vom Sozialismus, und was diese trotz alledem für ihn bedeuteten, und als er zu ahnen begann, daß diese seine Botschaft, obwohl wahr und richtig, keinen seiner Zuhörer mehr überzeugte.

Wie allein und erniedrigt muß er sich gefühlt haben, als Jelzin, der Retter, in seiner Gegenwart und während er noch am Rednerpult stand, den Ukas unterzeichnete, der die Partei verbot, deren Generalsekretär er in dem Moment noch war und für die er gerade gesprochen hatte. Und wußte dabei doch, daß diese Partei drei Tage feige geschwiegen hatte, während die Regan und Goneril, sein eigen Fleisch und Blut, ihn des letzten Rests seiner Macht beraubten, und daß ihm, wollte er leben, nur blieb, auf ganz andere zu hoffen, von denen er nie viel gehalten hatte und die ihn mit großer Wahrscheinlichkeit eines Tages ebenso entmündigen würden, wie seine eignen Leute es gerade zu tun unternahmen; und wußte jetzt auch, wenn er's nicht vorher schon gewußt hatte, daß diese seine Partei, welch Heldentaten sie in der Vergangenheit auch vollbracht haben mochte, nicht die Partei war, die den Sozialismus, an den er immer noch glaubte, je durchführen konnte oder durchzuführen auch nur beabsichtigte.

Einst hatte er gesagt, »Wer zu spät kommt, den bestraft das Leben«. Das bezog sich auf einen anderen, aber möglich ist doch, daß er dabei auch sich selber im Sinn hatte. Jedenfalls ist er, was immer ihm noch geschehen mag, eine tragische Figur, und daher von Interesse für die Dichter.

*

Und was ist mit dem Volk, in Shakespeares Stück verkörpert durch den weisen Narren? Mit dem Volk, mit dem die Verschwörer nicht glaubten rechnen zu müssen, und das sich, bedenkt man es recht, ganz unmarxistisch verhielt, indem es nämlich das Fressen keineswegs der Moral vorzog, sondern sich für die Freiheit in die Bresche schlug wie 1917 einst und später gegen Hitler?

Dieses Volk, so darf man annehmen, wird uns noch einiges Unerwartete zu sagen haben, darunter manches, was nicht besonders süß und angenehm klingen wird in unserm Ohr und in den Ohren derer, die dem Volk jetzt soviel Beifall zollen.

Eine andere Welt

Plötzlich wird einem bewußt, wie sehr sich alles verändert hat: in einem selber, und um einen herum. Die vertrauten Muster, deren Linie man zu folgen gewohnt war, wenn man sich klar zu werden versuchte über die Vorgänge des eignen Lebens wie im Leben der anderen sind außer Ordnung geraten und außer Gleichgewicht; sie haben sich auf höchst sonderbare Weise verschoben; sie hängen schief, sozusagen; wo einst links und rechts deutlich erkennbar gewesen, scheint nur noch eine Seite vorhanden, und auch diese lappt über den Rand des Geschehens, schlaff und ohne Façon, ähnlich einer der Uhren des Salvador Dali.

Offenbar fehlt etwas, was vor kurzem noch den Dingen Halt gab und begehbare Wege vorzeichnete.

*

Es fehlt der Feind.

Es fehlt der Widersacher, der ewige Gegenspieler, der die Alternative vertrat zu allem, was uns hoch und heilig, und den man hassen konnte im Konkreten wie im Grundsätzlichen, und dessen Komplotte man überall witterte, und gegen den es sich zu rüsten galt, moralisch, ökonomisch, atomar.

Wirklich, was tun wir, die wir seit kurzem sämtlich angesiedelt sind im Reich des Guten, wenn sich kein Reich des Bösen mehr findet? Wer ist noch da, den wir mit Nutzen verfolgen, beschimpfen, prügeln könnten? Wem das Haus über dem Kopf anzünden? Gegen wen unsre Top-Agenten entsenden? Auf wen oder was unsre Raketen richten, unsre atomkopfbestückten?

*

Wer hat das nicht schon beobachtet, auf der Straße oder im Park: die zähnefletschende Dogge, die den kläffenden Mops zu zerfleischen droht, bis der sich plötzlich auf den Rücken legt, alle viere nach oben, und dem Großen den wehrlosen Bauch darbietet, den fetten, rosigen? Welch Sieg für den Großen! Total! Absolut! Aber bald schon wendet der Triumphator sich ab, enttäuscht und angewidert: da gibt's nichts mehr zu bekämpfen, das Leben ist freudlos auf einmal, ja, scheint all seinen Sinn verloren zu haben.

Im übrigen ist auch der Mops nicht glücklicher, obzwar er glücklich überlebte. Was ist denn seins nun für ein Leben: in ewiger Abhängigkeit den Großen umschwänzeln zu müssen und nie, nie wieder sich mopsig machen zu dürfen?

Man sieht es am Mienenspiel des unglückseligen Gorbatschow, wenn er auf dem Kanapee sitzt neben Bush beim Phototermin oder Arm in Arm mit dem dicken Kohl am Ufer eines Bächleins entlanghüpft im Kaukasusgebirge. Und wie die Sieger gönnerhaft grinsend sich mühen, das Triumphgeheul zu unterdrücken, das ihnen vom Bauch her aufsteigen will durch Schlund und Kehle!

Und die stolzen Sowjetgeneräle, die einst die Wehrmacht schlugen, wie sie da stehen, Doppelkinne markig unter den Riesentellermützen, und von den Perrons der ostdeutschen Bahnhöfe her zuschauen, wie ihre Riesenraketen hinweggekarrt werden zu dem Müllhaufen der Geschichte, und alles nur, weil die verdammten Kapitalisten mehr und bessere Güter zu produzieren wußten als die großmächtigen Bürokraten in den Staaten des real existierenden Sozialismus. Das Weltreich zerfallen, die hehren Statuen gestürzt in den Staub! Und nicht einmal einen anständigen Putsch zustandebringen zu können dagegen!

Und hier im neu geeinigten Vaterlande, wie sich die Bilder doch gleichen – nur sind sie hier kleinformatiger und deutscher: es wird mehr noch gekrochen als anderswo von den Verlierern und größere Fladen Speichel werden geleckt, und wem's glückt, ein Plätzchen zu finden am wärmenden Busen der Sieger, der ist alsbald westlicher noch als die Wessis.

*

Ist ja auch schwierig, so aus dem Stand heraus, ohne Plan, ohne Konzeption, ohne Philosophie, ganze oder auch halbe Völker umzupolen vom real existierenden Sozialismus auf den real existierenden Kapitalismus. Umgekehrt ja, da gab's Modelle die Fülle, jede größere Parteihochschule hatte eins vorrätig. Aber für das, was dann wirklich auf uns zukam – nicht einmal eine provisorische Skizze.

Wie soll das in Wirklichkeit gehen, so ganz ohne Gegner? Was für ein Rennen, in dem nur ein Einziger läuft, was für ein Wettbewerb, den ich nur mit mir selber betreibe?

Aber man übersehe doch nicht, so wird amtlicherseits eingewandt, die Macht der Privatkonkurrenz, welche neben der Sehnsucht nach gesteigerter Rendite die Triebkraft ist der freien Wirtschaft – Schmidt & Co. gegen Schulze Kg gegen Müller GmbH –, und die alles befruchtet und wachsenden Segen schafft Jahr um Jahr für ihre Teilhaber.

Doch ist Schmidt kontra Schulze kontra Müller nur Kleinkram verglichen mit der großen, der geschichtsbildenden Konkurrenz gesellschaftlicher Systeme, dem Gegensatz von Klassenpositionen, dem Hickhack der Ideologien, hie Marx, hie Erhard, welch alle nun geschwunden. Es war die Präsenz der jeweiligen Anti-Welt, die, Ost wie West, die Oben zwang, die Unten zu päppeln – im real existierenden Kapitalismus durch Krankengeld, Altersrenten, Arbeitslosenunterstützung, Mietsubventionen, Urlaubsbonus, Weihnachtsgeschenke, und und –, und die so, Schritt um Schritt, Veränderungen schuf, welche aus der freien, brutalen Marktwirtschaft eine halbwegs soziale machten und aus dem Zerrbild von Sozialismus, mit dem wir gesegnet waren, die Gorbatschowiade oder Jelzins Tohuwabohu. Natürlich lag solcher Entwicklung die reine Erpressung zu Grunde: denn ständig bohrte, solange das Andere, die Alternative, vorhanden, in den Hirnen der Oben die dumpfe, kaum je in Worte gekleidete Drohung der Unten: Wir können auch anders!

Im Falle des real existierenden Sozialismus machten die Unten die Drohung wahr: sie zerbrachen die Mauer, und prompt fiel das ganze Gebilde zusammen.

Doch fiel damit auch das System der Alternativen, welches, beginnend mit dem Oktober Siebzehn, das Auf und Ab der Historie dieses Jahrhunderts bestimmte. Und die Unten werden es zu spüren bekommen, daß der Hebel zerbrochen ist, vermittels dessen sie Druck auszuüben vermochten, bei guter Gelegenheit, auf die Oben.

*

Zerbrochen der Sozialismus, oder das, was man so nannte: eine Puppe, mit der die Kinder zu grob gespielt, seine Inhalte weniger wert noch als das Sägemehl, das dem armen Ding aus der zefledderten Brust rinnt. Zerbrochen der Sozialismus, selbst in China und Kuba, wo man nach dessen Riten noch betet, und heimatlos die Linken in der westlichen Diaspora, die bis vor kurzem noch Fünkchen von Hoffnung hegten, es könnte vielleicht noch ein Licht kommen aus dem Lande, welches einst Lenin geprägt.

Aber, und das ist notierenswert, geblieben sind Oben

und Unten, auch unter den neuen Bedingungen; und in den nunmehr sozial und politisch zu gedeihlicher Einheit zusammengequirlten Bereichen erscheint der Graben tiefer denn je, der seit Urzeiten gegähnt zwischen den Mächtigen und den Machtlosen. Und dies wird neue Probleme erzeugen, neue Konflikte und Widersprüche, nur daß jetzt die Alternative fehlt, die einst real existierte, so schäbig sie auch gewesen sein mochte.

Und wie umgehen mit den neuen Problemen unter den neuen Umständen? Woher die neuen Ideen nehmen, die man da bräuchte? Die deutsche Linke –, und nicht nur die deutsche – ist ein einziger Wirrwarr, seit sie aus der luftigen Höhe ihrer runden Tische herunterpurzelte auf den Boden der Realität. Ach, wir Armen! Marx hat sich, so hallt es von überallher, als Versager erwiesen, Lenin gar nicht zu erwähnen; wer, oder was, ist uns geblieben zum geistigen Trost? Freud? Aristoteles? Der Apostel Paul? Oder, als letzter Helfer in Not, unser Dr. Kohl, der ewig sprudelnde Urquell hausbackener Weisheiten?

Dabei kocht es und brodelt es sichtbarlich an allen Ecken und Enden des Globus. Statt der großen Feindschaft zwischen den Reichen des Guten und des Bösen, welche, im Gleichgewicht ihres Schreckens, wenigstens eine gewisse Stabilität boten, brechen hundert kleinere, doch ebenso dumme und haßerfüllte Feindschaften aus, Blut fließt auf den Kontinenten, die umspült sind von verseuchten Meeren, Erde und Luft vergiften sich zusehends, ganze Völkerschaften, von Armut getrieben und Krieg, wandeln sich zu Asylsuchenden und machen sich auf zu den wenigen Inseln des Wohlstands – eines relativen nur, – und jeder Gebirgsstamm entdeckt sich als Nation und fordert, unter heftigen Drohgebärden, einen eigenen Luftraum und eigene Zollhäuseln und, nach der Anerkennung durch Bonn, Kredite.

Und statt des Klassenfeinds – wie kann es den Klassenfeind noch geben, wenn, wie es heißt, keine Klassen mehr da sind! – richten wir unsern Haß gegen alles, was sich nicht fügen will in unsern blöden, beschränkten Horizont, gegen Ausländer und Juden besonders; da werden wir doch sehen, wer hier das Sagen hat auf der S-Bahn, und in der Regierung!

*

Eine andere Welt als die uns gewohnte, und keine behagliche. Wäre es nicht an der Zeit, zu ergründen, was *diese* Welt nun im innersten zusammenhält, wenn überhaupt, und wie man sie gestalten könnte, sofern sie sich noch gestalten läßt?

Eine ganz besondere Wissenschaft

Die Medizin ist eine ganz besondere Wissenschaft.

In der Medizin geht es immer, direkt oder indirekt, um Tod und Leben. Ich muß dem Arzt, in dessen Hand ich mich begebe, vertrauen können, und zwar nicht nur in seinem Wissen, seinem diagnostischen Geschick, seiner Fähigkeit mit dem Skalpell: er darf mich nicht verraten, er darf mich nicht im Stich lassen, er muß meine Not über seine eignen Nöte und Bedürfnisse stellen. Der Arzt, kurz gesagt, muß eine Art Engel sein, oder das Nächstbeste zu einem Engel. Zwei oder drei solche Ärzte habe ich kennengelernt in meiner Zeit, und wenn ich heute noch am Leben bin, verdanke ich ihnen das.

Natürlich gibt es andere Ärzte auch. Schließlich ist auch der Arzt nur ein Mensch, und in der Regel steht auf der Wertskala des Menschen am höchsten das eigene Ich. Woraus sich der Rest der Sache ergibt: der Arzt als Opportunist, als Werkzeug der Mächtigen, gierend nach Geld und Gut, und, auch das hat es gegeben, als Mörder. Auf der Rampe des Konzentrationslagers stand immer ein Arzt.

*

Ende der sechziger Jahre beschäftigt sich ein junger Assistenzarzt an der Universitätsklinik in Halle mit dem Eigenbau einer Dialyse-Maschine. Solche Maschinen, im Westen werden sie schon industriell hergestellt, braucht man, wenn die Nieren versagen; dann wird dem Nierenkranken das Blut abgezapft, durch die reinigende Maschine getrieben und zurück in den Körper gepumpt; dies muß periodisch geschehen, zwei- oder dreimal die Woche; es ist aufwendig und teuer, aber der Patient, der sonst hätte sterben müssen, bleibt so wenigstens am Leben. Besser wäre es natürlich, man könnte ihm eine neue

Niere einsetzen anstelle der alten, nicht mehr funktionsfähigen, und wirklich beginnen in jener Zeit die Urologen, im Bund mit den Chirurgen, gesunde Nieren, meist gespendet von Blutsverwandten, in den Leib des Kranken zu transplantieren. Und auch diese Operation erfordert, bis das Transplantat seine Arbeit aufnimmt, die Dialyse-Maschine.

Der junge Arzt, Peter Althaus sein Name, bastelt tatsächlich, mit Hilfe seines Vaters, der Ingenieur ist, und unterstützt von ein paar Technikern aus einem Merseburger Werk, eine ganz brauchbare Maschine der Art zusammen, die man auch in Halle einsetzt, bis etwas Professionelleres zur Verfügung stehen wird.

Dann nimmt sich die Regierung der DDR des Problems an. Sie hat keine Devisen, oder benutzt die, die sie hat, für andere als medizinische Zwecke; aber sie gibt Auftrag, eine Dialysemaschine Made in GDR zu entwikkeln, und ein Werk in Aue baut das Modell »Aue«, gepriesen als wahre DDR-Errungenschaft, da gänzlich ohne westliches Know-how und westliche Lizenzen hergestellt, und die prominenten Ärzte, die daran mitgewirkt haben, erhalten den Nationalpreis, und das Werk in Aue eine Prämie, und sogar die Bruderländer werden damit beliefert – nur einen Fehler hat das neue Spitzenprodukt: es funktioniert nicht.

Der junge Dr. Althaus, dem man die Maschine aus Aue auch hingestellt und der sie bei einer schweren Operation verwendet hat, tobt: das Ding ist tödlich; der Patient überlebte nur, weil Althaus' altes Eigenprodukt noch in der Ecke stand und angeschaltet werden konnte. Aber wenn ein DDR-Bürger über Wohltaten der Regierung schimpft, erhält er Besuch. Der Besuch stellt sich vor: Hartloff, Udo, vom Ministerium für Staatssicherheit, und bitte, Herr Doktor, erzählen Sie doch mal.

Dr. Althaus erzählt. Wer denn, denkt er, wenn nicht

die Genossen von der Staatssicherheit, könnte die Urheber dieser verbrecherischen Fahrlässigkeit ausfindig machen und gegen sie vorgehen. Hartloff, Udo, hört aufmerksam zu; er wird da einen Bericht schreiben müssen, sagt er, und Dr. Althaus ist ihm dafür dankbar. Und in der Tat verschwindet »Aue« nach einiger Zeit aus den Krankenhäusern; eine neue Dialyse-Maschine wird in der DDR gebaut, diesmal nach einem amerikanischen Verfahren und mit amerikanischer Lizenz; bis diese zur Verfügung steht, benutzt man in Halle noch das Althaussche Bastelwerk.

Hartloff, Udo, aber besucht ihn auch weiterhin, vorzugsweise zu Hause, und mit Gattin. Ein Verhältnis, das Dr. Althaus und dessen Frau für Freundschaft halten, entwickelt sich, man macht sogar gemeinsame Ausflüge, und zum Zeichen, wie ehrlich Hartloff, Udo, es meint, vertraut er dem Dr. Althaus an, daß er eigentlich gar nicht Hartloff heiße, sondern Kirmse, und stellt ihm bei seiner Versetzung nach Berlin, als Direktor für internationale Beziehungen der Akademie der Wissenschaften, seinen Nachfolger im Amte vor, einen gewissen Träger, mit dem Dr. Althaus aber nur ein einziges Mal spricht, nämlich als der ihn bittet, seine, Trägers, Frau wegen ihrer chronischen Bauchspeicheldrüsenentzündung zu behandeln.

Soweit, Dr. Althaus zufolge, seine Kontakte mit dem Ministerium des Genossen Mielke, dessen Stellvertreter, den General Beater, er in den kommenden Jahren operieren wird, viermal hintereinander.

*

Ende Juli 1991 erhält Dr. Althaus – inzwischen ist er Professor geworden und Leiter der Urologischen Klinik an der Charité und gilt als einer der vertrauenswürdigsten Operateure auf diesem Gebiet – von einer Frau Schnoor, die beim Senator für Wissenschaft und Forschung in Berlin arbeitet, einen Brief, darin seine fristlose Kündigung. Er ist nicht der einzige Empfänger eines solchen Schreibens; mehreren Kollegen an der Charité, von gleichem Range wie er, ergeht es ähnlich. In dem Brief an Althaus heißt es, seine Weiterbeschäftigung sei unzumutbar; Begründung: »Nach den vom Sonderbeauftragten der Bundesregierung für die personenbezogenen Unterlagen des ehemaligen Staatssicherheitsdienstes (Gauck-Behörde) überprüften Unterlagen waren Sie ... für das ehemalige Ministerium für Staatssicherheit/Amt für Nationale Sicherheit vom 30. 06. 1973 bis 11. 12. 1986 in der Funktion eines inoffiziellen Mitarbeiters für Sicherheit/zur Sicherung der Konspiration Hauptabteilung/Abteilung XV (Staatsapparat, Kultur, Opposition, Gesundheitswesen) der Bezirksverwaltung Halle; Hauptverwaltung A (Aufklärung) tätig. Ihnen zugeordnete Führungsoffiziere waren Kirmse und Träger. Am 7. 10. 77 erhielten Sie die Medaille für treue Dienste der NVA. Im Jahre 1988 waren Sie weiterhin unter dem Decknamen Junghans erfaßt.«

Nun ist der eigentliche Dienstherr des Professors Althaus der Rektor der Humboldt-Universität. Nur dieser kann ihn entlassen, und nicht der Senator für Wissenschaft und Forschung, selbst wenn der sich als juristisches Feigenblatt eine Kommission vor den Nabel hängt, bestehend aus drei Vertretern der Senatsverwaltung und dreien der Universität, unter letzteren auch der Professor Mau, der Dekan der Medizinischen Fakultät. Aber abgesehen von dieser Frage der Zuständigkeit drängt sich dem Leser des Briefes der Frau Schnoor noch eine ganz andere auf: Was ist das für eine Demokratie, was für ein Rechtsstaat, in dem ein Mann von einer Verwaltungsinstanz für schuldig erklärt und bestraft werden kann, ohne daß ein Beweis seiner Schuld vorgelegt, ohne daß er selber auch nur gehört worden wäre von einem der hohen Herren der Kommission, – *audiatur et altera pars*, verlangten die alten Römer schon – nur auf Grund der Äußerung einer Behörde, deren Anspruch auf Zuständigkeit einzig auf einem Haufen noch nicht einmal durchgeordneter alter Akten beruht?

Entsprechend entsetzt und empört ist der Professor Althaus. Weder, sagt er, war er zu irgendeiner Zeit ein Mitarbeiter, offiziell oder inoffiziell, der Hauptabteilung XV oder irgendeiner Abteilung des Ministeriums für Staatssicherheit, noch waren Kirmse und Träger seine Führungsoffiziere, noch kannte er den Namen Junghans, geschweige denn, daß er ihn als Decknamen getragen hätte, noch erhielt er jemals, oder erblickte auch nur, eine Medaille für treue Dienste der Nationalen Volksarmee.

Dieses teilt er am 30. Juli dem Professor Erhardt, dem Senator für Wissenschaft und Forschung in Berlin, mit, zusammen mit einer langen Aufzählung seiner Mühen und Verdienste um die Heilung seiner Patienten und die Entwicklung der Urologie und besonders der Kunst der Nierentransplantation an der Charité, ein Thema, das für den Senator von minderem Interesse ist.

Dann wendet er sich um Hilfe an seinen alten Freund, eben jenen Professor Mau, Dekan der Fakultät; der teilt ihm nur mit, da ließe sich leider nichts tun, und wenn ihm seine Entlassung nicht schmecke, könne er ja beim Arbeitsgericht klagen; ihm, Mau, als Mitglied der Kommission des Senators, habe man jedoch mitgeteilt, daß eine Verpflichtungserklärung zur Mitarbeit bei der Stasi mit der Unterschrift »P. Althaus« durchaus vorhanden sei.

Ich, sagt Althaus, habe nie so etwas unterschrieben.

*

Auf meinem Tisch habe ich eine Photokopie der bei der Gauck-Behörde aufbewahrten, von Hand »30. 6. 73« datierten und mit »P. Althaus« gezeichneten angeblichen Verpflichtungserklärung des Professors Althaus zur Mitarbeit bei der Stasi; daneben liegen, zum Vergleich, zwei Arbeitsverträge des Mannes mit seinen Unterschriften aus etwa der gleichen Zeit und ein graphologisches Gutachten, welches nahelegt, daß die Unterschrift aus dem Hause Gauck gefälscht sein könnte.

Ich bin kein Graphologe, aber auch mir scheint, daß das Autogramm auf dieser Verpflichtungserklärung mit seinen sorgfältig aneinandergereihten steifen Buchstaben sich von den beiden »Althaus« auf den Arbeitsverträgen unterscheidet wie die Nachahmung von Papas Unterschrift, die der Junior, die Zungenspitze im Mundwinkel, mühevoll herstellt, von dem echten Signum seines Erzeugers. Dennoch konzediere ich die Möglichkeit, daß der Professor Althaus geirrt haben könnte, als er jegliche Mitarbeit bei der Staatssicherheit ableugnete: daß er die Sache total aus seinem Bewußtsein verdrängt hat. Das menschliche Hirn ist ein sehr merkwürdiges Organ, und was 1973 geschah, liegt eine lange Zeit zurück, und inzwischen hat der Mann am Operationstisch buchstäblich tausendmal mit dem Tode gerungen.

Und wir reden hier auch nicht nur von dem Professor Althaus. Er wird vor Gericht gehen, und dort wird, wann immer es endlich zum Prozeß kommt, der Sonderbevollmächtigte der Bundesregierung wohl endlich vorzeigen müssen, was er an Beweisen gegen Althaus hat. Wir reden von den Zuständen in diesem Lande, wo ein Mensch seine Existenz, seinen Ruf, seinen inneren Frieden verlieren kann, zeitweilig oder für immer, und nur auf Grund der Angaben einer Behörde. Wir reden von der Art der Vergangenheitsbewältigung, die hierzulande betrieben wird, jener Vergangenheitsbewältigung, welche man in Westdeutschland nach 1945 durchzuführen versäumte und die man nun, am Objekt DDR, mit aller Strenge nachholen möchte. Wir reden von der großen Abwicklung, welche die Institutionen der DDR, gleich ob sie unnütz waren oder nützlich, zu Schatten ihrer selbst macht; wir reden von Posten und Pöstchen, von Einfluß, von Lehrstühlen, und von Geld, viel Geld. Und wir reden von Recht und Gesetz, und von Machthunger und Machtspielen, und von der Gefahr, daß die Methoden der Stasi, die gleichfalls Menschen nach Willkür abstrafte und ins Aus stieß, auf dem Umweg über ihre hinterlassenen Aktensammlungen fröhliche Urständ feiern.

*

Ich habe die Herren – und Damen – von der Stasi vor meinem Hause gehabt, vierundzwanzig Stunden am Tag, und in meinem Hause; Herr Gauck verwaltet elf Bände Akten über meine Person; ich stehe also wohl außer Verdacht, ich könnte diese Gestalten verteidigen wollen. Aber ich will, daß man scheidet zwischen Schuldigen und Unschuldigen, und ich bin gegen Pauschalurteile, besonders von Leuten, die selber eine Durchleuchtung nicht bestehen würden.

Also ließ ich mich überzeugen, in der Kommission des letzten Innenministers der DDR, des Herrn Diestel, mitzuarbeiten, die sich mit der künftigen Verwendung der Stasi-Archive befaßte. Unsere Hauptsorge war, zu verhindern, daß die darin enthaltenen personenbezogenen Akten einer Lynchjustiz zunutze sein könnten; man weiß ja, welche Motive den berühmten Richter Lynch im wilden Westen Amerikas bewegten, wenn er seine Opfer zum Hängen am Strick verurteilte, bis sie tot wären. Die Diestel-Kommission, in der auch der Pfarrer Gauck aus Rostock mehrmals gastierte, war zu schwach, um ihr Ziel gegenüber den Ansprüchen gewisser Bundesämter durchzusetzen, und die Vertretung der DDR bei den Einigungsverhandlungen mit der Bundesrepublik war zu willfährig und eilfertig, nicht nur in diesem Punkt.

Eine Folge des Verhaltens der DDR-Herren damals ist unter anderem, daß der Osten Deutschlands heute beherrscht wird von zwei Behörden, welch beide, zusammen und für sich allein, mehr Macht haben, als sie das Politbüro je hatte, und welch beide, gottgleich, über die Schicksale der Bürger entscheiden: der Treuhandanstalt, und dem Amt des Sonderbeauftragten der Bundesregierung für die Unterlagen des ehemaligen Staatssicherheitsdienstes, mit seinen Akten, die auf Regalen von insgesamt etwa zweihundert Kilometern Länge gespeichert sind – Sachakten und, zum geringeren Teil, personenbezogenen.

Die ersteren werden völlig geheimgehalten, denn in ihnen steht einiges über die Interna von vierzig Jahren deutsch-deutscher Beziehungen; aus den anderen wirft die Gauck-Behörde bei besonderen Gelegenheiten, wie etwa im Falle Althaus, Informationen aus, welche sie selber exzerpiert und welche der Rest der Menschheit auf Treu und Glauben zu akzeptieren hat – und welche genutzt werden, um ausgesuchte Leute abzuurteilen und zu verstoßen, ohne daß die so Gestraften je Einblick erhielten in die angeblichen Beweise ihrer Schuld oder sich auch nur verteidigen könnten.

Da ging es sogar bei der Inquisition milder zu: wenn einer die Folter lebend überstand, wurde ihm vergeben. Und bei dem berüchtigten Senator McCarthy wurde man wenigstens angehört.

*

Dabei sollte doch selbst ein Pfarrer aus Rostock nicht so tumb sein, um anzunehmen, daß seine Stasi-Akten die

Wahrheit und nichts als die Wahrheit enthielten, nur weil sie von einer deutschen Behörde stammen. Wer je Recherchen betrieben hat, der weiß, wie unsicher die Quellen, wie oft die Berichte persönlich gefärbt sind, aus was für Gründen auch immer. Und selbst im Hause Gauck müßte man doch erkannt haben, wes Geistes Kind die Lauscher und Gucker waren, die uns da auf den Hals geschickt wurden von der Stasi – und die werden nun nachträglich zu Gewährsleuten für die Tugend, oder Untugend, bisher nicht bescholtener Bürger. Die geistige Elite, die da in der Eckkneipe saß oder bei einer Party mit auf dem Kanapee, wieviel bekamen die Kerle denn überhaupt mit von dem, was gesagt wurde, und wer sagte ihnen denn etwas! Aber bezahlt wurden sie nach Länge und Inhalt ihrer Berichte, und die Führungsoffiziere nach Anzahl und Rang der von ihnen Geführten. Was wurde da nicht erlogen und gefälscht und zurechtgeschneidert nach Wunsch und Bedarf! Man lese doch einmal auf ihren Wahrheitsgehalt hin die Protokolle der Prozesse, die auf der Grundlage von Nachforschungen und Angaben der Untergebenen des Genossen Mielke geführt wurden! Bei Gaucks aber gelten die Texte in den Stasi-Akten, als kämen sie geradewegs aus der Bibel, und er selber hat uns versichert, er habe bisher nur ein einziges Mal erlebt, daß da etwas nicht stimmte. Selig sind, man weiß schon wer, denn ihrer ist das Himmelreich.

*

Vielleicht, so meine ich, sollte der Bundesminister des Inneren sich überlegen, ob man nicht auch bei der Benutzung von Mielkes Erbe, das schon genug Unheil gestiftet, nach den Grundsätzen eines Rechtsstaats vorgehen sollte. Auch die, deren Namen in diesen Akten auftauchen, gleich in welchem Zusammenhang, verdienen Gerechtigkeit: nicht mehr, nicht weniger.

Denn, wie die Medizin, ist auch die Politik eine ganz besondere Wissenschaft, bei der des Menschen Wohlergehen und nicht selten sogar sein Leben auf dem Spiele stehen.

Schuld und Sühne

So, nun ist es soweit. Die Herrn und Damen, die hinter – und vor – den Bonner Kulissen agieren und die zu zartbesaitet sind, ihrer Polizei Order zu geben, mit den glatzköpfigen Neo-Nazis aufzuräumen, sie genieren sich durchaus nicht, den betagten Bürgern in die Magengrube zu treten, die, als sie noch jung waren, die Courage hatten, gegen die Original-Nazis zu kämpfen.

Die DDR gab ihnen, mehr als ein paar tausend davon sind's nicht mehr, für ihre Haltung damals und für die Leiden, welche sie darum auf sich genommen hatten, eine Sonderrente, etwa 1700 Mark monatlich: höher als sonst die DDR-Renten waren, aber für Westverhältnisse bescheiden genug. Auch die wenigen überlebenden deutschen Juden, die in der DDR geblieben waren, erhielten das; andere Entschädigungen, wie sie den Juden in Westdeutschland zuteil wurden, bekamen sie nicht.

Und jetzt, so verlautet es aus dem Ministerium des Herrn Blüm, eines bekannten Verfechters humanitärer Prinzipien, sollen diese Sonderrenten ab Januar 1992 auf 750 Mark herabgesetzt werden; die Abgeordneten im Bundestag, die sich selber gerade wieder eine Erhöhung ihrer Bezüge genehmigt haben, müssen den Vorschlag aus dem Hause Blüm nur noch absegnen.

Hinter der Maßnahme, welche Blüms Staatssekretär Gero höchst temperamentvoll verficht, steckt natürlich auch der Gedanke, daß unter den Empfängern der Rente für Kämpfer gegen den Faschismus, wie sie offiziell hieß, auch alte Kommunisten waren; und die müssen jetzt für ihre Schuld sühnen. Aber erstens befanden sich unter denen, die sich Hitler widersetzten, nicht nur Kommunisten, sondern ebensoviele Sozialdemokraten, Katholiken, Protestanten und was noch; und zweitens nahmen auch die Kommunisten damals, so wie die anderen, Haft,

Folter, Konzentrationslager oder Exil auf sich; und drittens habe ich nie erlebt, daß alten Nazis von Herrn Blüm ihre Ehrenbezüge gekürzt worden wären oder daß derart Pläne überhaupt bestünden.

Aber das alles paßt in das neue Bild, welches die Bonner Regierung von dem vereinten Deutschland zeichnet: mit den Neureichen und den Neuarmen, und dem neuen Rassismus, und den neuen Ungerechtigkeiten.

Und das, sagen die, die dereinst auf dem Alexanderplatz zu Berlin für eine neue demokratische Ordnung demonstrierten, haben wir nicht gewollt.

Candide

Candide, die Zentralfigur des gleichnamigen Romans von Voltaire, ist ein sanftmütiger junger Mann, der auf dem Rittergut des Freiherrn Thunder ten Tronckh in einem aus des Autors Phantasie stammenden Westfalen aufwächst, wo es archaisch-freundlich hergeht, bis die bulgarischen und avarischen Heere dort aufeinanderstoßen. Candide ist völlig argloser Natur und erwartet, daß andere Menschen, gleich ihm, auch nur die besten Absichten haben, und sein Hauslehrer, der berühmte Dr. Pangloss, bestärkt ihn noch in seiner Haltung, indem er ihm beibringt, daß die Welt die beste aller möglichen Welten sei und daß für alles, was geschieht, stets ausreichende Gründe vorhanden sind. Als Candide und die Tochter des Hauses, die dicke Kunigunde, einander hinter dem Vorhang küssen, werden sie von dem Freiherrn erwischt, und Candide wird mit wuchtigen Tritten in den Hintern in diese beste aller Welten hinausbefördert, wo er nach und nach erfährt, daß seine Erwartungen eines sind, die Realität aber etwas anderes. In der realen Welt wird gelogen und betrogen, geraubt und gemordet, vergewaltigt und gefoltert, und über all dem thronen Kirche und Staat; und würde Candide nicht, bei allem frommen Bedauern, einen gesunden Egoismus entwickeln und gelegentlich auch rascher mit dem Degen zustechen als die, die ihm nach dem Leben trachten, Voltaires Roman wäre wohl kürzer ausgefallen, als er ist, und erheblich weniger amüsant.

*

Ich kann mir nicht helfen, aber bei meinen Begegnungen mit Bürgern der Ex-DDR werde ich, ihre Berichte und Klagen mir anhörend, an den Candide erinnert. Da ist die gleiche Bereitschaft, das Gute zu sehen in seinem Mitmenschen und dessen Wort ungeprüft zu akzeptieren, und die Erwartung, daß auch jener die besten Absichten habe, fair und gerecht mit einem zu verfahren, und darauf die gleiche Überraschung angesichts der bösen Wirklichkeit, das gleiche Erstaunen wie das des Candide.

Nun war die verblichene DDR mit dem westfälischen Paradies des Ritters Thunder ten Tronckh höchstens insofern zu vergleichen, als auch dort die Kenntnis der Zustände außerhalb der Mauern des Schlosses sehr begrenzt war und der Chefideologe, der Dr. Pangloss, Zweifel an seinen Thesen nur ungern sah; aber eigentlich genügten solche Beschränkungen schon, um eine Unzahl von Menschen zu erzeugen, die, über Nacht konfrontiert mit dem real existierenden Kapitalismus, einen erheblichen Schock zu erleiden vorbestimmt waren. Nicht daß die Großmoguls der Agitation in der DDR den Kapitalismus idealisiert hätten; eher im Gegenteil. Aber da die Herren immerzu und auf die plumpeste Weise logen, glaubte man ihnen auch nicht, wenn sie, was selten genug, die Wahrheit über etwas sagten, über gewisse Eigenheiten der freien Marktwirtschaft zum Beispiel; und die Gestalt, in der sich diese Wirtschaft darstellte in den Köpfen der Leute, ergab sich daher aus dem Fernsehen (West), den mitunter doch recht geschönten Berichten von Freunden und Verwandten, und aus dem Reichtum an Westgütern im Intershop.

*

Man war also, östlicherseits, unvorbereitet auf das, was man nach vierzig Jahren real existierenden Sozialismusses erlebte und erhielt.

Oder doch nicht so ganz. Es hatte ja, neben der offiziellen Ökonomie, eine Schattenwirtschaft gegeben, die nach ganz anderen Gesetzen verlief als jene. Geld, es sei denn, es war westliches, spielte darin keine Rolle; vielmehr wurde getauscht, Messingschrauben gegen Lederjacken, Badezimmerfliesen gegen Autoreparaturen, und auf diese Art wurde der Händlergeist des Ostmenschen geschärft und sein Instinkt für Wert und Unwert einer Sache aufs beste entwickelt. Aber stets war, bei Wahrung des eigenen Nutzens, die Grundlage solch schwarzer Geschäfte eine gewisse Redlichkeit der Beteiligten; Betrüger, ob groß oder klein, wurden bald herausgefunden und aus dem illegalen Kreislauf ausgeschieden.

Jetzt aber, nach der Vereinigung, bekam man es mit Profis zu tun. Diese zeigten sich zuerst in der Maske von Biedermännern; war man nicht, zu beiden Seiten der Grenze, ein- und desselben Blutes, ein Volk von Brüdern und Schwestern, die einander doch nicht übers Ohr hauen würden? Laßt uns euch helfen: wir wissen, wie man umgeht mit Banken und Behörden, und wir kennen die Shortcuts und die Regeln.

Der erste große Reibach kam mit dem Geldumtausch. Die harmlosen Ostler, gewöhnt an den schwarzen Kurs von 5 oder gar 10 Mark Ost gegen eine Mark West, erhielten nun, und amtlich gar, 2 zu 1 – wie reich, freuten sie sich, waren sie auf einmal geworden, und was konnte man sich nun nicht alles leisten, Reisen und schicke Kleider, Westautos (aus zweiter Hand, meistens), Elektronik aller Art; und über all dem vergaß man, daß man sein Geld ursprünglich ja 1 zu 1 verdient hatte, Arbeitskraft gegen entsprechenden Lohn.

Und nachdem man auf diese Weise die Hälfte seiner Ersparnisse verloren hatte, kam es Schlag auf Schlag: die Löhne und Renten waren nicht etwa dieselben wie die der Brüder und Schwestern im Westen, sondern erheblich niedriger, Steuern und Abgaben aber gleich hoch wie deren; die Treuhand verhökerte zu Schleuderpreisen, was eigentlich Eigentum der Arbeiter und Bauern war, während Mieten und andere Kosten stiegen; oft genug war auch der Job plötzlich unsicher; und wer glaubte, er könne das System überlisten, indem er zum billigsten Anbieter ging, erfuhr bald genug, daß der billigste nicht immer der billigste war, sondern nur der schlaueste.

Es brauchte seine Zeit, bis die Candides des real existierenden Sozialismus mitbekamen, daß die freie Marktwirtschaft tatsächlich weniger auf einem fairen Spiel von Angebot und Nachfrage beruhte als auf den Bräuchen des orientalischen Basars, wo die Preise nach oben offen sind wie die berühmte Richter-Skala, nach der man die Stärke der Erdbeben bemißt, und daß die Verdienstspanne bei einer Ware weniger von deren Herstellungskosten abhängt als von der Unverschämtheit, mit der ein Händler die Lage seines Ladens, und seine Verbindungen zu den Ministeriellen der jeweiligen Regierung, und die Naivität des Kunden, ins Spiel bringt.

Was nicht heißt, daß der oben erwähnte Sozialismus etwas Besseres oder Humaneres gewesen wäre; auch dort wurden die Menschen betrogen, sogar von Staats wegen; aber immer erwies sich, das zeigte der rasche Zusammenbruch des östlichen Großreichs, das System der privaten Schieber und Halsabschneider, Profitemacher und Grundstückshaie als das effizientere; es förderte Ehrgeiz und Initiative und dadurch den allgemeinen Fortschritt; und für den Einzelnen stellten sich Glück und Erfolg, oder auch Pleite und Untergang, nur als eine Frage des individuellen Geschicks dar und einer möglichst nahtlosen Anpassung an die herrschende Räuberethik – wobei die Westverwandtschaft, gestehen wir's zu, einen Vorsprung von Jahren und Jahrzehnten besaß.

*

Die Westbrüder und -schwestern hatten die Geschäftstricks nämlich peu à peu gelernt, und sie gerieten nicht in helle Aufregung bei jedem Reklameschrieb, den ihnen der Postbote in den Kasten schob, bei jeder Kaffeefahrt, die ihnen angeboten, bei jedem Lotteriegewinn, der ihnen als todsicher angepriesen wurde. Sie, die Westverwandten, waren es gewohnt, kühl zu vergleichen, Versicherungspolicen, Kreditangebote, Billigreisen, und nicht jedes Versprechen, komme es von Marktschreiern oder von Politikern, für bare Münze zu nehmen.

Nicht so die Ostler. Das Kleingedruckte, auf das es ankommt, war ihnen lästig und fremd, und da war keiner, der sie bei der Hand nahm und sie führte und ihnen klarmachte, was wo auszufüllen war und wofür und auf wie lange sie sich verpfändeten und was die Folgen sein würden ihrer Unterschrift; dabei sehnten sie sich nach genau diesem väterlichen Rat; und alle möglichen Luftexistenzen, dieses witternd, boten sich ihnen an als selbstlose Anwälte und ehrliche Makler und machten sich dann davon, in der Tasche das Ersparte der Witwen und Waisen.

*

Und wie im einzelnen, so insgesamt. Manipuliert jahrzehntelang und an kurzer Leine gehalten, hatten die einstigen DDR-Bürger sich losgerissen von ihrer Regierung mit stiller, doch unwiderstehlicher Gewalt, hoffend, endlich Herr zu werden im eigenen Haus und frei entscheiden zu können über das eigene Schicksal, und erkannten nicht, daß sie schon wieder in die Hände von Manipulatoren geraten waren, Leuten allerdings, welche mit sanfterem Druck operierten und mit geschickteren Losungen, als die Machthaber von früher benutzt hatten.

Als sie dann merkten, daß sie abermals in der Schlinge saßen, ihre Freiheit beschränkt, ihr Tatendurst gelenkt in der Obrigkeit genehme Bahnen, empfanden sie es dennoch als angenehm, daß der Strick am Halse nicht mehr so schmerzhaft rieb wie in den alten Zeiten; selbst wenn man die Arbeit verlor, langte das Unterstützungsgeld noch zur täglichen Video-Kassette und zum Bier an der Ecke; die neue Regierung in ihrer Weisheit sorgte dafür, daß, wenn einer fiel, der erste Aufprall nicht zu hart wäre. Nur die Zukunft . . .

Aber warum sich darüber unnötig Sorge machen? Irgend etwas würde sich immer finden, Vorruhestand oder ABM oder Sozialfürsorge oder ein Schulungskurs mit anschließendem Praktikum, für welch alles die Brüder und Schwestern im Westen würden zahlen müssen. Nur die ganz Alten und die, die nirgends eine Nische für sich organisieren konnten, die Untüchtigen und Unbrauchbaren also, die gingen vor die Hunde; die Notärzte in ihren Heulewagen wissen ein Lied zu singen von der Suizidrate.

Doch waren die Schwachen nicht immer am Wege gefallen? Außerdem konnte man sich nicht um alles kümmern; jeder war, in dieser neuen, real existierenden Ordnung, sich selber der Nächste.

*

Ah, Dr. Pangloss! Voltaire hatte ihn aufhängen und danach wieder auferstehen lassen, und man kann ihm, in dieser besten aller Welten, jederzeit und in jeder Regierungsabteilung als Pressesprecher begegnen, die Wogen glättend und die Kritiker besänftigend und, wo nötig, mit der Rute drohend.

Candide aber endet, nachdem er den halben Globus umzirkelt und seine Kunigunde, obwohl diese gealtert und geschrumpelt, geehelicht hat, als eine Art Schrebergärtner in der Umgebung von Konstantinopel; sein Schlüsselerlebnis war die Begegnung mit einem freundlichen alten Mann, der unter seinem Pomeranzenbaum frische Luft schöpfte und auf die Nachricht, der Kalif habe zwei seiner Wesire und den Mufti erdrosseln und mehrere ihrer Freunde pfählen lassen, ihm sagte, er kenne den Namen weder des Muftis noch der Wesire, vermute jedoch, daß im allgemeinen die Leute, die sich mit öffentlichen Angelegenheiten befaßten, elendiglich umkämen, wie sie es übrigens auch verdienten.

So schließt denn Voltaires Roman, der bis dahin durchaus realistisch, als Märchen; bei uns, wie wir wissen, blühen und gedeihen die Muftis und die Wesire und werden immer fetter.

Seelenschmerzen

Man wird mir sagen, daß es in dieser Zeit Wichtigeres gibt als die Seelenschmerzen der Literaten.

Auch ich bin dieser Meinung. Aber da ich hier in einem Literaturhaus spreche und zur Eröffnung von Literaturtagen, erlaube ich mir ein paar Worte zu dem Thema, in der Hoffnung, daß meine Ausführungen auch Zusammenhänge außerhalb der esoterischen Kategorien beleuchten könnten, in denen unsereins sich gemeinhin bewegt.

In den etwas mehr als zwei Jahren seit jenem denkwürdigen Meeting auf dem Alexanderplatz, wo ein paar Autoren und Schauspielerinnen plötzlich in eine Herzensverbindung gerieten mit den Massen und sich spürbar etwas im Volke bewegte, hat sich im Osten unseres glücklich vereinten Vaterlandes mehreres verändert in bezug auf Rolle und Reputation der Schriftsteller, und nicht zum besseren; im Westen war die alte Sterilität, gegründet auf kommerzielle Zwänge, sowieso geblieben, unberührt von dem Gezeitenwechsel.

*

Man mag darum streiten, ob das, was da in der DDR in den Tagen der Wende vom Oktober zum November 1989 geschah, eine Revolution gewesen ist oder nicht; früher jedenfalls hätte kein Historiker und kein Soziologe sich gescheut, Ereignisse, die zur kompletten Umstülpung eines ökonomischen Systems führten, als Revolution zu bezeichnen.

Und tatsächlich folgte auf jenen Morgen am Alexanderplatz ein Umsturz im östlichen Drittel Deutschlands, wie man ihn sich fröhlicher nicht vorstellen könnte: Bücher und Stücke, bis dato unterdrückt, kamen plötzlich heraus, eine Presse, die nichts gewesen war als ein langweiliges Sammelsurium von Kopfblättern der Agitationsabteilung des Zentralkomitees, trieb über Nacht tausend bunte Blüten, und Fernsehen und Funk, von ihren Fesseln befreit, entwickelten innerhalb von Wochen und mit fast dem gleichen Personal wie vorher eine Qualität, welche die der Öffentlich-Rechtlichen im Westen um ein beträchtliches übertraf und die, bei Nachrichten- wie Unterhaltungssendungen, durch entsprechend höhere Einschaltquoten belohnt wurde.

Demokratie in den Medien! Eine Demokratie, geschaffen von Menschen mit neuen Konzeptionen, die es danach verlangte, Neues auszusagen! Leichtigkeit und Freude, und ein Schuß Ironie, und der Beginn einer Auseinandersetzung mit dem Gestern! Und ein Bedürfnis, den Leuten im Publikum das Gefühl zu geben, dass auch sie frei seien zu sagen, was sie empfanden, und abzuschütteln, was sie bedrückte!

Aber so hatten sie nicht gewettet, die Herren der D-Mark, die wahren Sieger der europäischen Geschichte. Eine DDR-Demokratie, eine echte, mit allem, was sich daraus ergäbe, sozial und kulturell, und sogar mit Dichtern, die sich da engagierten! – das nicht, nein; das könnte die eignen Schäfchen, die frommen, fügsamen, am Ende selber noch infizieren.

*

Und so das Marionettentheater mit den zwei Ost-Kasperles an den Schnüren, dem einen, der nebenher die Viola spielte, dem andern, der völlig amusisch; und der Verkauf von Land und Leuten und Hoffnung und Zukunft um ein Linsengericht, ein nicht gar gekochtes noch dazu; und dann los und schnellstens eingesackt, was noch vorhanden an Gütern, und abgewickelt, was noch funktionstüchtig war an Einrichtungen und Institutionen.

Die Amerikaner hatten das rüde Spiel vorexerziert in

Grenada, aber das war nicht das eigene Land gewesen, bevölkert von Brüdern und Schwestern, sondern ein kleiner karibischer Flecken, und sie hatten wenigstens noch landen müssen mit ihren Schiffen und ein paar Schüsse gewechselt; hier aber, sehnsüchtig nach Freiheit und Farbe und Düften und Grenzenlosigkeit, hatte eine ganze Bevölkerung sich freiwillig der Gewalt der neuen Herren ausgeliefert.

Ein anderes war, daß das, was man aufgab, von fraglichem Wert gewesen, und die Strukturen brüchig, und die Bürokraten, denen man endlich den Tritt gab, von miserablem Charakter und die personifizierte Unfähigkeit.

Nur wen, oder was, erhielt man im Austausch? – Die Treuhand. Die Gauck-Behörde. Und jenes Mischgewebe aus neuem und altem Filz, das sich alsbald über das Land breitete wie der Ölteppich des Saddam Hussein über die Strände Arabiens.

*

Mit den Künstlern, besonders den Literaten, war das vordem so gewesen: im Westen zählten sie, wo sie Unterhaltungs-, eventuell noch Bildungswert besaßen; ihre Produkte mußten »sich rechnen«, wie es jetzt so schön heißt, gleich jeder anderen Ware auf dem Markt – eine Marktfrage also.

Doch eine moralische Instanz? Neben dem einen Böll – wie wenige westlich der Mauer, der ehemaligen, durften von sich behaupten, sie wären eine Instanz irgendwelcher Art gewesen, geschweige denn, eine moralische?

Östlich dagegen wurden die Kollegen von Amts wegen zu solch einer Instanz ernannt, ob sie es wollten oder nicht; und die meisten wollten. Talent war da weniger wesentlich; im Gegenteil, je talentloser, desto moralischer. Doch wenn einer gar fähig war, halbwegs richtig konstruierte Sätze im Zusammenhang zu schreiben, vielleicht noch mit einem Witzchen drin, damit es auch geistreich klinge – der war King.

Der Grund für die Inflation an mit hohen Würden ausgestatteten Großpriestern der Kunst und Literatur des real existierenden Sozialismus lag in dessen feudalistischem Wesen. Hatten nicht auch die Fürsten von einst, mangels eigenen Geistes, ihre Hofphilosophen, Hofschreiber, Hofnarren gehabt? Wie bedurfte solcher Schranzen dann erst jene Ansammlung halbgebildeter Kleinbürger, die im Auf und Ab der Geschichte, der sowjetischen wie der deutschen, ins Politbüro gespült worden waren! Ängstlich besorgt um ihre kostbare führende Rolle, mußten sie ihren Ruf und ihr Renommee tagtäglich bestätigt haben von moralischen Autoritäten, auch wenn diese großenteils selbstgestrickt.

Das Wort aber ist eine höllische Versuchung: das Wort, mit dem man nicht nur verhüllen und verschönen kann, sondern auch aussprechen was ist.

Und so geschah es, daß aus der Schar jener Künstler und Schriftsteller, die ausgewählt und gesammelt und speziell geschult und bezahlt und mit zugehörigen Ämtern ausgestattet worden waren zum Zweck der Verbreitung im Volke des höheren Ruhms und der glorreichen Gedanken der führenden Genossen an der Spitze der führenden Klasse, der eine oder andere der Versuchung dennoch erlag und ausbrach aus der Phalanx der Gehorsamen und, eine Andeutung hier und ein Farbtupfer da und eine Nuance dort, der Wahrheit Bahn brach und auf einmal wirklich zu einer Art moralischer Instanz wurde im Lande.

*

Gewöhnlich legte die Behörde den Rebellen nahe, das Land zu verlassen, und denen, die dem amtlichen Drängen folgten, tat sich die Mauer prompt auf, und das war's dann: lauter kleine persönliche Tragödien, denn obwohl die Armen nicht weiter als von Deutschland nach Deutschland gingen, war der Boden, auf dem sie gewachsen, ihnen entzogen, und die Ziele, auf die sie vordem geschossen, nicht mehr erkennbar; und sobald das lärmige Willkommen, das die westlichen Medien ihnen boten, verklungen, saßen sie da, fremd in der Fremde und innerlich ausgehöhlt.

Und das Schlimmste: als dann die Revolution doch kam in der DDR, unter Mitwirkung derer, die sich nicht hatten vertreiben lassen, fand sie ohne die Exulanten statt; und als diese dann zurückkamen, auf Gastrollen die meisten nur, hörten die Leute wohl ihre Verse an und ihre Ratschläge, höflich applaudierend, aber es war ein Nicht-Ereignis.

Diejenigen aber, die im Lande geblieben waren und weiter versucht hatten, wo immer die Gelegenheit sich bot, die Wahrheit zu sagen, zu schreiben, zu singen, zu filmen, und die so Teil geworden jenes geheimen Bündnisses mit dem Volke, das auf dem Alexanderplatz zu Berlin sich aller Welt offenbarte, sie sahen sich bald schon diskreditiert und désavouiert und denunziert von den feinsten der Feinen im literarischen Establishment des neugeeinten Deutschland und von den gelernten Meinungsbildnern. Sie seien, hieß es, viel zu feige gewesen und leisetreterisch; schlimmer noch, durch ihr Verbleiben im Osten hätten sie dem Unrechtsregime eine Aura verliehen von Toleranz und Kulturfreundlichkeit; und überhaupt taugten sie nichts, auch und besonders als Künstler; man habe sie nur hochgejubelt aus politischen Gründen seinerzeit und die Weiber zu Heiligen Jungfrauen stilisiert, fast, und die Kerle zu veritablen Genies; aber jetzt, da die DDR im Orkus, könne man sich's ja endlich leisten, die ganze Bagage auf das Niveau zurückzustufen, auf welches sie gehöre.

Das ist so unklug nicht gedacht: wenn man die paar Leute vom Sockel holte, die dem Volk noch etwas gelten, so blieben die Unten gänzlich ohne Vertrauenspersonen, die auf ihre Fragen eingehen, ihre Nöte ausdrücken, ihre Beschwerden abfassen könnten. Und daß sich's mit Hilflosen leichter umgehen läßt als mit aufsässigen Bürgern, die ihre Stichworte von kritischen Literaten erhalten, das wird jede Dienststelle eines jeden Ministeriums freudig bestätigen.

Darum also die systematischen Verbalinjurien der Schicki-Micki-Feuilletons wie der Tittenjournaille gegen gerade die Künstler und Schriftsteller, die einst schon den Schmährufen aus dem Politbüro standhielten und den Boykottmaßnahmen der Kulturbosse erfolgreich Widerstand leisteten. Man muß diese Nachwende-Kampagne in einer Linie sehen mit den plumpen Bonner Bemühungen, die noch funktionsfähigen Institutionen der Ex-DDR, als da sind Universitäten, Akademien, Schulen und Forschungsstätten, Museen und Kliniken, Funk und Fernsehen, Betriebe, Klubs, Kindergärten, abzuwickeln oder zumindest zu beschneiden – alles überhaupt, was den Ost-Menschen Anlaß und Gelegenheit geben könnte, über die Werte, die sie schufen, nachzudenken und über ihren eigenen Wert.

Das ist ein uraltes Verfahren. Schon in grauester Antike beseitigten die Sieger bei den Besiegten zuerst die Sänger und die Schreibkundigen, denn deren Wort barg Gefahr. So radikal geht man heut nicht mehr vor, zumindest in Mitteleuropa: man mordet nicht mehr die Person, nur ihren Ruf.

Im Namen von Freiheit und Demokratie, der gleichen Freiheit, der gleichen Demokratie, von der die Menschen überall so lange geträumt.

Vergangenheitsbewältigung

Als ich, damals in amerikanischer Uniform, am Ende des Zweiten Weltkriegs nach Deutschland kam, hieß das Ding noch nicht Vergangenheitsbewältigung; aber allenthalben traf ich auf Leute, die, sobald ich sie ernsthaft befragte, was sie denn in den letzten Jahren so getan hätten, mit aller Kraft zu bewältigen begannen. Nein, erklärten sie in der Mehrheit, Nazis seien sie natürlich nie gewesen, vielmehr hätten sie mit den Juden, wo sie nur konnten, deutlich sympathisiert; einige wenige aber fanden, daß ein Geständnis, ja, sie seien in der Partei gewesen, man habe doch gar nicht anders gekonnt und sie hätten auch nie jemandem ein Härchen gekrümmt, ihnen jetzt die Gelegenheit zu lauthals demonstrierter Reue bot; sie wußten, daß der reuige Sünder mehr galt als jener, der einfach die Fakten aufzählte; aber da ich kein Feldkaplan war, sondern ein ganz gewöhnlicher GI mit Sergeantenstreifen am Ärmel, rührten mich ihre Geständnisse nicht so sehr, wie sie gehofft hatten.

Später merkten sie dann, daß die Amerikaner sie noch gegen die Russen brauchen würden, und die Notwendigkeit für jede wie immer geartete Vergangenheitsbewältigung fiel weg und man widmete sich erfolgreich dem Wiederaufbau West; es gibt Leute, die meinen, vielleicht hätte man sich anno dazumal doch nicht so rasch von der Beschäftigung mit seiner Vergangenheit abkehren sollen, und die das Versäumte von damals, bei guter Gelegenheit nun, in dem sogenannten Beitrittsgebiet nachholen lassen möchten.

*

Da kam einer zu mir; er müsse, sagte er, unbedingt mit mir reden; es sei ganz außerordentlich wichtig.

Und was war das Wichtige? Er sei, sagte er, von der

Staatssicherheit auf mich angesetzt gewesen, und nannte die Punkte, die er habe für die Polizei in Erfahrung bringen sollen; und dann blickte er mich treuherzig an, als wolle er sagen, »Nu?«.

Und plötzlich wußte ich, der Mann wollte tatsächlich Absolution. Er war ein kleiner Handlanger gewesen, nicht mehr; und nun wünschte er, von mir zu hören, was für ein bedeutender Sünder er wäre und wie es mein Herz erfreute, daß er so gründlich in sich gegangen sei, und nun möge er hingehen und nicht mehr sündigen, besonders nicht für den Bundesnachrichtendienst, für den er, nach eigener Angabe, nebenher auch gearbeitet hatte.

Scharen von Menschen im Osten des wiedervereinigten Vaterlandes sind plötzlich Opfer eines Beichtsyndroms geworden; kein Wunder, angesichts des Einflusses, den so zahlreiche Gottesmänner seit der Wende in den Neuen Bundesländern gewonnen haben. Dem einen Teil der Bevölkerung wird unentwegt zugeredet, er möge nur vortreten zur medienwirksamen Beichte, dann würde allen wohler werden, politisch und überhaupt; und der andere lechzt danach, daß ihm was Sensationelles vorgebeichtet wird; es ist eine neue Variante eines alten Gesellschaftsspiels, mit Pfarrer Gauck, dem Herrn der Stasiakten, als Schiedsrichter.

Ich erinnere mich einer Versammlung, der ich kürzlich beiwohnte: da stand eine blasse Dame mittleren Alters auf und erklärte mit zitternden Händen, wir alle müßten nun aber, und öffentlich, uns mit unsrer Vergangenheit auseinandersetzen, sonst könnten wir unmöglich weiter in unserm Club bleiben; und tatsächlich hatte auch schon eines der Mitglieder gestanden, bei der Stasi mitgetan zu haben, und war demonstrativ ausgetreten, was alle höchst edel fanden, obwohl die meisten von uns längst wußten, welche Verbindungen der Kerl gehabt hatte.

Überhaupt haben die Bürger der DDR ja alle viel mehr

gewußt, als die Prominenz, die sich bei der Premiere in der Lesestube der Gauckbehörde hat filmen lassen, zugeben mochte. Man kann nicht Jahre in diesem Lande gelebt haben, ohne erkennen zu lernen, wer bei der Firma mittat und wer nicht. Die Zeichen waren, in den meisten Fällen, auffällig genug, und die Knaben und Mädchen, die es so geschickt spielten, daß man keinen Verdacht schöpfte, waren selten. Man wußte, wer in der Telephonleitung hing und wo die Richtmikrophone standen und welche Autos einem hinterherfuhren, und man benahm sich entsprechend und fand Wege und Mittel, seine Post trotz allem an ihre Adressaten zu befördern; und wenn eine Ehegattin jetzt überrascht feststellt, daß ihr eigener Gatte sie bespitzelt hat, dann kann ich nur fragen, was muß das für eine Ehe gewesen sein, in der man so was nicht merkte.

*

Trotzdem könnte es einen schon reizen, zu erfahren, was die Berichterstatter über einen berichteten und zu welchen Themen die Behörde ihre Erkundigungen einzog. Und diejenigen gar, die unter behördlicher Willkür zu leiden hatten – und das sind nicht wenige –, haben ein Recht, Wiedergutmachung zu fordern. Ich frage mich nur, in welcher Währung? Auge um Auge? Zahn um Zahn? Oder in D-Mark? Bunte Scheine für erlittene Qualen und verlorene Jahre? Und wieviel Scheine für welche Schikanen? Und welcher Richter könnte da eine Tabelle aufstellen, die wahrhaft gerecht wäre? Und welches Gesetz soll da gelten? Das weltliche? Aus welcher Welt bitte, und welchem ihrer Bereiche? Oder das göttliche – und welcher Bischof könnte, in diesem grausamen Zusammenhang, Gottes Gesetz gerecht interpretieren?

Und warum erst jetzt die nachgeholte Gerechtigkeit, und warum nur hier in der Ex-DDR? Warum nicht schon nach 1945, und in ganz Deutschland? Und warum nicht in anderen Ländern auch? Wo geschah denn kein Unrecht seitens Regierung und Polizei, wo geschieht es nicht heut noch? Wo herrscht denn nicht die Gewalt, die Gewalt des Knüppels wie die des Geldbeutels? Wo möchte man nicht dazwischentreten und rufen, Haltet inne! . . . Wo?

Und wer hat eigentlich, im Jahre des Herrn 1992, zu Hohepriestern just jene Marktschreier ernannt, die vor den Kameras sich so wohlgefällig spreizen und dem Publikum mit so unnachahmlicher Selbstsicherheit erklären, wer als ein Schächer zu gelten habe und daher zu kreuzigen sei? . . . Wer?

*

So viele Aspekte der Vergangenheitsbewältigung, so viele Probleme.

Vielleicht wäre es besser gewesen, es hätten mehr Leute die Courage gehabt, die Vergangenheit zu bewältigen, als sie noch Gegenwart war; oder man beschäftigte sich jetzt wenigstens etwas intensiver mit der jetzigen Gegenwart, damit nicht in abermals zwanzig oder dreißig Jahren von neuem Vergangenheitsbewältigung betrieben werden muß. Sich dieser Tage vor aller Augen an die Brust zu schlagen und zu jammern, »Weh ist mir!«, dient nur jenen zur Befriedigung, die einen Genuß daraus ziehen, wenn einer seine schöne Seele zur Schau stellt, oder jenen, deren Beruf es ist, schöne Seelen zu retten.

Es gehe, hielte ich für ratsam, ein jeder mit sich selber ins Gericht, und habe den Mut, aus seinem Urteil dann die Konsequenzen zu ziehen; es weiß doch eh jedermann, wo und wann er sich feige verhalten hat oder wie ein elender Schurke, und die Zeit ist gekommen für eine Abrechnung ganz neuer Art, eine Abrechnung des Gewissens. Und im übrigen kennt man doch die Burschen, die, obwohl sie ihr gerüttelt Maß Schuld tragen an dem, was uns alle belastet, schon wieder oben schwimmen wie das Fettauge auf der Suppe, und es gibt keine Polizei, die in einem Lande, in dem das Volk vor kurzem erst eine ganze Regierung gewaltlos gestürzt hat, verhindern könnte, daß solchen Leuten das Handwerk gelegt wird.

Nichts gegen die Beschäftigung mit der Vergangenheit – nur zu! Öffnen wir ihre Akten! Analysieren wir sie, mit all ihren Fehlern und Missetaten, und denken wir darüber nach, und lernen wir etwas daraus, für die Gegenwart und für die Zukunft.

Aber nicht als Ganztagsjob und Tag um Tag. Manchmal habe ich den Verdacht, es wird jetzt soviel von Vergangenheitsbewältigung geredet, damit die Leute sich von der Gegenwart abkehren, in der doch, alle wissen es, genug geschieht, auf das man ein Augenmerk haben müßte, wenn man nicht will, daß uns das Fell schon wieder über die Ohren gezogen wird.

Stefan Heym bei C. Bertelsmann

Ahasver
Roman. 320 Seiten.

Auf Sand gebaut
Sieben Geschichten
aus der unmittelbaren Vergangenheit
104 Seiten mit 14 Zeichnungen.

Der bittere Lorbeer
Roman. 1008 Seiten.

Einmischung
Gespräche, Reden, Interviews
1982–1989
276 Seiten.

Filz
Gedanken über das neueste Deutschland
Essays. 112 Seiten.

Meine Cousine, die Hexe
und weitere Märchen für kluge Kinder
24 Seiten mit Illustrationen von Horst Hussel

Nachruf
850 Seiten.

Reden an den Feind
Hrsg. Peter Mallwitz
352 Seiten.

Die Schmähschrift
oder
Königin gegen Defoe
112 Seiten mit Radierungen von Horst Hussel

Schwarzenberg
Roman. 350 Seiten.